La automatización como impulso de cambio

Propuesta para el desarrollo de una nueva industria en Chile

ALBERT ALARCÓN I.
CRISTIAN JACOBSEN P.
MANUEL MORALES H.

Ediciones Universidad Católica de Chile
Vicerrectoría de Comunicaciones y Extensión Cultural
Av. Libertador Bernardo O'Higgins 390, Santiago, Chile

lea.uc.cl

LA AUTOMATIZACIÓN COMO IMPULSO DE CAMBIO
PROPUESTA PARA EL DESARROLLO DE UNA NUEVA INDUSTRIA EN CHILE
Albert Alarcón Ibáñez, Cristian Jacobsen Pereira y Manuel Morales Herrera

Abril 2025
ISBN N° 978-956-14-3410-3
ISBN digital N° 978-956-14-3413-4

Diseño: Diseño Corporativo de la Vicerrectoría
de Comunicaciones y Extensión Cultural
Impresor: Equipo Gráfico Impresores

CIP-Pontificia Universidad Católica de Chile

Nombres: Alarcón Ibáñez, Albert, autor | Jacobsen Pereira, Cristian, autor |
Morales Herrera, Manuel, autor.
Título: La automatización como impulso de cambio: propuesta para el desarrollo
de una nueva industria en Chile / Albert Alarcón Ibáñez, Cristian Jacobsen Pereira,
Manuel Morales Herrera.
Descripción: Santiago, Chile: Ediciones UC.
Materias: CCAB: Automatización - Aspectos económicos – Chile |
Automatización - Aspectos sociales - Chile.
Clasificación: DDC 303.483 –dc23

Registro disponible en:
https://buscador.bibliotecas.uc.cl/permalink/56PUC_INST/vk6o5v/
alma997604882703396

La automatización como impulso de cambio

Propuesta para el desarrollo de una nueva industria en Chile

ALBERT ALARCÓN I.
CRISTIAN JACOBSEN P.
MANUEL MORALES H.

DuocUC
EDICIONES UC

CONTENIDOS

Prólogo

Bienvenidos a un viaje apasionante por el mundo de la automatización, en el que la tecnología y la innovación convergen para transformar la manera en que vivimos, trabajamos y creamos. Este libro, más que un compendio de información, es una ventana hacia el futuro; una guía que despierta la curiosidad y el entusiasmo por descubrir cómo la automatización está moldeando nuestro presente y definiendo nuestro mañana.

Desde los albores de la civilización, el ser humano ha buscado formas de simplificar tareas, aumentar la eficiencia y liberar tiempo para dedicarlo a actividades más creativas y significativas. Hoy, en la era de la digitalización y la conectividad, esos esfuerzos han cobrado una nueva dimensión: la Industria 4.0 ha llegado para revolucionar la forma en que concebimos la producción, la educación y el desarrollo industrial.

En este libro, exploraremos desde los fundamentos de la automatización hasta las últimas tendencias en la Industria 4.0, pasando por los desafíos y oportunidades que enfrenta, especialmente en el contexto chileno. Desde los primeros sistemas automatizados hasta la implementación de tecnologías de vanguardia, como la inteligencia artificial y la realidad aumentada, cada capítulo ofrece una mirada detallada y perspicaz sobre un mundo en constante cambio.

A lo largo de estas páginas, descubriremos que la educación técnico-profesional se erige como un pilar fundamental en la preparación de una fuerza laboral apta para enfrentar los desafíos de la automatización. Analizaremos casos de éxito en la industria chilena y ejemplos de cómo la innovación y la adaptabilidad pueden llevar a nuevas alturas.

No obstante, este libro no pretende ser solo un compendio de conocimientos; es una invitación a la reflexión y a la acción. ¿Cómo podemos aprovechar las oportunidades que nos brinda la Industria 4.0? ¿Cómo podemos mitigar los desafíos que enfrentamos en este camino hacia la automatización? Son preguntas que nos impulsan a pensar en el futuro con optimismo y determinación.

En estas páginas, además de información, encontrarán inspiración. Cada palabra escrita es un llamado a la acción, una invitación a ser protagonistas del cambio y líderes en la construcción de un futuro más innovador, inclusivo y próspero para todos.

CAPÍTULO 1
Introducción al mundo de la automatización

ILUSTRACIÓN 1: Introducción al mundo de la automatización
Fuente: Phoenix Contact

SITUACIÓN ACTUAL

La automatización industrial ha sido un tema de creciente importancia en todo el mundo, con un impacto significativo en la economía, la sociedad y el mercado laboral. Lo que sigue, explora la situación actual de la automatización industrial tanto a nivel global como en Chile. Se analizan los avances tecnológicos, los desafíos y las oportunidades que presenta este fenómeno, así como las políticas y estrategias adoptadas para abordarlo.

Automatización de la industrial a nivel global

La automatización industrial ha crecido exponencialmente en las últimas décadas, impulsada por avances tecnológicos como la inteligencia artificial, el aprendizaje automático y el Internet de las cosas (IoT). Según el informe "Global Industrial Automation Market. Analysis and Forecast", se espera que el mercado de la automatización industrial alcance los 352.02 mil millones de dólares para el año 2024, con una tasa de crecimiento anual compuesta del 7.62 % (BIS Research, 2019).

Este crecimiento ha sido impulsado por la búsqueda de eficiencia, productividad y competitividad en las operaciones industriales. La robótica, en particular, ha desempeñado un papel crucial en este proceso, con la adopción de robots colaborativos que trabajan junto con los empleados humanos para mejorar la eficiencia y la seguridad en el lugar de trabajo (IFR, 2020).

Sin embargo, la automatización industrial también plantea desafíos significativos, como la pérdida potencial de empleos debido a la sustitución de trabajadores y trabajadoras por sistemas automatizados. Según el Foro Económico Mundial, se espera que la automatización tenga un impacto considerable en el mercado laboral, lo que requerirá una adaptación tanto de quienes trabajan como de las políticas públicas para mitigar sus efectos negativos (Foro Económico Mundial, 2020).

Automatización industrial en Chile

En Chile, la automatización industrial también ha experimentado un crecimiento notable en los últimos años, aunque a un ritmo más lento en comparación con otras economías desarrolladas. Según datos del Instituto Nacional de Estadísticas (INE), el Índice de Producción Industrial ha mostrado un aumento constante, lo que sugiere una mayor adopción de tecnologías automatizadas en el sector (INE, 2024).

Sin embargo, la automatización industrial en Chile presenta desafíos únicos. Uno de los principales es la brecha tecnológica y de infraestructura, especialmente en las pequeñas y medianas empresas (pymes). Muchas de estas carecen de los recursos y de la capacitación necesaria para implementar tecnologías avanzadas de automatización, lo que limita su capacidad para competir en el mercado global (García-Herrero *et al.*, 2021).

Además, la falta de políticas y regulaciones específicas en materia de automatización industrial ha sido un obstáculo para su desarrollo en Chile. A diferencia de otros países, como Alemania o Japón, en los que se han implementado estrategias nacionales de digitalización e Industria 4.0. Por su parte, Chile carece de un marco integral para promover la adopción de tecnologías automatizadas en el sector industrial (Silva *et al.*, 2019).

Perspectivas y estrategias futuras

Para abordar estos desafíos y aprovechar las oportunidades que presenta la automatización industrial, es necesario adoptar un enfoque integral que involucre a múltiples partes interesadas, incluidos el Gobierno, las empresas, las instituciones académicas y la sociedad en su conjunto.

En primer lugar, el Gobierno debe desempeñar un papel activo en la promoción de la automatización industrial a través de políticas y regulaciones que fomenten la inversión en tecnologías avanzadas, así como programas de capacitación y financiamiento para las pymes.

En segundo lugar, las empresas deben comprometerse a invertir en tecnologías de automatización y a fomentar una cultura de innovación y aprendizaje continuo entre sus empleados y empleadas. La colaboración con instituciones académicas y centros de investigación también puede ser crucial para impulsar la investigación y el desarrollo en este campo.

La sociedad en su conjunto debe estar informada y tener conciencia sobre los beneficios y desafíos de la automatización industrial, así como sobre las medidas necesarias para garantizar una transición justa y sostenible hacia un futuro automatizado.

La automatización industrial representa una oportunidad significativa para mejorar la eficiencia y la competitividad en el sector industrial, tanto a nivel global como en Chile. Sin embargo, para aprovechar plenamente sus beneficios, es necesario abordar los desafíos existentes y adoptar estrategias integrales que promuevan una adopción responsable y sostenible de estas tecnologías.

DESAFÍOS DE LA INDUSTRIA Y DEL MERCADO

Resulta bien evidente que la industria en Chile enfrenta varios desafíos al intentar incorporar tecnologías para aumentar la producción. Aunque la digitalización y la automatización ofrecen oportunidades significativas para mejorar la eficiencia y la competitividad, existen barreras que debemos superar para aprovechar al máximo estas herramientas.

Uno de los principales desafíos es la inversión inicial requerida para adoptar tecnologías avanzadas. Muchas empresas, especialmente las pequeñas y medianas, pueden encontrar difícil justificar el gasto inicial en equipos y sistemas de automatización. Además, la falta de acceso al financiamiento adecuado puede obstaculizar aún más la capacidad de las empresas para realizar inversiones en tecnología. La adquisición de equipos automatizados y la reconfiguración de procesos requieren una inversión significativa, especialmente para empresas con recursos limitados (Kavas, 2019). Además, la integración de sistemas y la compatibilidad entre plataformas pueden ser complejas, especialmente cuando se utilizan tecnologías de diferentes proveedores (Alarcón-Aldana *et al.*, 2020).

Otro desafío importante es la falta de capacitación y habilidades técnicas en la fuerza laboral. La implementación de tecnologías avanzadas requiere que quienes trabajan estén capacitados en el manejo y en el mantenimiento de los equipos automatizados, así como en análisis de datos y programación.

Sin embargo, en Chile, enfrentamos una brecha de habilidades significativa en estos campos, lo que dificulta la adopción efectiva de tecnologías avanzadas.

Además, la resistencia al cambio y la cultura organizacional pueden ser obstáculos importantes para la adopción de tecnologías de producción avanzadas. Muchas empresas pueden temer la interrupción de las operaciones o la pérdida de empleos como resultado de la automatización, lo genera resistencia a su implementación. Es fundamental abordar estas preocupaciones y promover una cultura de innovación y adaptabilidad dentro de las empresas.

Por cierto, la falta de políticas públicas claras y de apoyo puede ser un obstáculo significativo para la adopción de tecnologías avanzadas en la industria chilena. Se necesita un marco regulatorio claro y políticas de incentivos que fomenten la inversión en tecnología y la capacitación de la fuerza laboral, que es otro desafío clave, ya que la implementación de sistemas automatizados puede requerir habilidades técnicas específicas que no todos los trabajadores poseen (Acemoglu, 2019). Además, es importante promover la colaboración entre el sector público y privado para facilitar la transferencia de tecnología y conocimiento.

La ciberseguridad también representa un desafío importante, ya que la interconexión de dispositivos y sistemas en la automatización industrial aumenta la vulnerabilidad a ciberataques (Saptharishi *et al.*, 2021). La adaptación de la fuerza laboral. Además, la automatización plantea preguntas éticas sobre el impacto en el empleo y la responsabilidad por decisiones tomadas por sistemas autónomos (Abbott, 2020).

Evolución del mercado para abordar los desafíos

La preparación del mercado para abordar los desafíos planteados en la incorporación de tecnologías avanzadas en la industria chilena ha sido un proceso complejo y multifacético que ha involucrado a diversos actores y ha requerido una combinación de estrategias y medidas.

En primer lugar, se ha observado un aumento en la conciencia y en la comprensión por parte de las empresas sobre la importancia de la digitalización y la automatización para mejorar la eficiencia y la competitividad. Este cambio de mentalidad ha llevado a un mayor interés en la exploración y adopción de tecnologías avanzadas, así como a una mayor disposición para invertir en la actualización de equipos y sistemas.

Además, se ha visto un esfuerzo concertado por parte del gobierno y otras instituciones para promover la innovación y la adopción de tecnología en la industria. Esto se ha manifestado en la implementación de políticas públicas que fomentan la inversión en investigación y desarrollo, así como en programas de capacitación y apoyo financiero para empresas que desean modernizar sus procesos.

En términos de capacitación y desarrollo de habilidades, se ha observado una mayor colaboración entre el sector público, privado y académico para abordar la brecha de habilidades existente en el país. Se han establecido programas de formación técnica y programas de educación continua para actualizar las habilidades de la fuerza laboral y garantizar que estén preparadas para trabajar con tecnologías avanzadas.

También se ha producido un aumento en la colaboración y la asociación entre empresas para aprovechar sinergias y compartir recursos en el proceso de incorporación de tecnología. Esto ha permitido a las empresas acceder a recursos y conocimientos especializados que de otro modo podrían no estar disponibles, así como a reducir los costos asociados con la adopción de tecnologías avanzadas.

En el ámbito de las políticas públicas, existe un enfoque proactivo por parte del gobierno para establecer un marco regulatorio claro y favorable para la adopción de tecnologías avanzadas. Esto incluye la implementación de incentivos fiscales y financieros para las empresas que invierten en tecnología, así como la creación de programas de subvenciones y créditos para apoyar la modernización de la industria.

Si abordamos el mercado, este ha desarrollado tecnologías más asequibles, como sistemas modulares y soluciones basadas en la nube, que reducen los costos iniciales y permiten un retorno de inversión más rápido (Kavas, 2019). Además, se han establecido estándares de comunicación como OPC UA (Open Protocol Communication Unified Architecture) y protocolos de IoT (Internet of Things) para facilitar la interoperabilidad entre dispositivos y sistemas (Alarcón-Aldana *et al.*, 2020).

En el ámbito de la ciberseguridad, se están desarrollando soluciones específicas para entornos industriales, como firewalls industriales y sistemas de detección de intrusiones, para proteger los sistemas automatizados de posibles amenazas cibernéticas (Saptharishi *et al.*, 2021). Los programas de formación y capacitación están ayudando a la fuerza laboral a adquirir las habilidades necesarias para trabajar con sistemas automatizados y se están desarrollando herramientas de interfaz más intuitivas para facilitar su uso (Acemoglu, 2019).

Finalmente, se están estableciendo marcos éticos y regulaciones para guiar el desarrollo y la implementación de tecnologías de automatización de manera responsable y sostenible (Abbott, 2020). Estos avances en el mercado están allanando el camino para una adopción más amplia y efectiva de la automatización industrial en todo el mundo.

CÓMO UTILIZAR ESTE LIBRO

Este libro ha sido diseñado como una guía práctica y comprensiva para entender y aplicar la automatización industrial en diversos sectores. A continuación, se presentan algunas recomendaciones sobre cómo aprovechar al máximo este contenido:

Comprender la estructura del libro

El libro está organizado en capítulos que abarcan desde los conceptos básicos hasta las aplicaciones avanzadas de la automatización industrial. Es importante familiarizarse con la tabla de contenido para identificar las secciones que más relevancia tienen para tus necesidades específicas.

Lectura secuencial

Para aquellos que son nuevos en el mundo de la automatización, se recomienda una lectura secuencial. Comenzar desde el "Capítulo 1: Introducción al mundo de la automatización", permitirá construir una base sólida de conocimientos antes de avanzar a temas más complejos.

Capítulos temáticos

Si tienes una necesidad específica o estás buscando información particular, puedes dirigirte directamente al capítulo correspondiente. Por ejemplo, el capítulo 2: Industria, educación y estudiantes, proporciona una visión histórica y actual de la automatización en Chile, así como su impacto en la educación técnico-profesional; el capítulo 3: La educación técnico-profesional y su impacto en la industria local, explora la importancia de la formación técnica y las oportunidades para la industria local.

Uso de ejemplos prácticos

El libro incluye algunos casos de estudio y ejemplos prácticos que ilustran cómo la automatización ha sido implementada exitosamente en diferentes sectores. Estos ejemplos pueden servir de inspiración y guía para proyectos propios.

Referencias y recursos adicionales

Cada capítulo ofrece referencias a estudios, artículos y recursos adicionales que pueden ser consultados para profundizar en los temas tratados. No dudes en utilizar estas referencias para ampliar tu conocimiento.

Reflexión y aplicación

Más allá de la teoría, este libro invita a la reflexión y la acción. Se recomienda reflexionar sobre cómo los principios y técnicas descritas pueden ser aplicados en tu propio entorno laboral o identificar oportunidades para la implementación de tecnologías automatizadas en tu empresa o sector.

Colaboración y aprendizaje continuo

La automatización es un campo en constante evolución. Fomenta la colaboración con colegas y profesionales del área, y mantente actualizado con las últimas tendencias y avances tecnológicos.

Utilización de ilustraciones y gráficos

El libro contiene ilustraciones y gráficos que ayudan a visualizar conceptos complejos y procesos automatizados. Utiliza estos recursos visuales para comprender mejor las explicaciones técnicas.

Participación en programas de capacitación

Aprovecha las oportunidades de formación y capacitación mencionadas en el libro. La educación continua es clave para mantenerse competitivo en un entorno industrial automatizado.

Adaptación a las políticas públicas y de mercado

Finalmente, es esencial estar al tanto de las políticas públicas y las tendencias del mercado que favorecen la adopción de la automatización. Este conocimiento te permitirá tomar decisiones informadas y estratégicas para tu negocio.

Al seguir estas recomendaciones, estarás en una mejor posición para comprender, implementar y aprovechar los beneficios de la automatización industrial, contribuyendo al crecimiento y éxito de tu empresa en el competitivo mercado global.

CAPÍTULO 2
Industria, educación y estudiantes

ILUSTRACIÓN 2: Sinergia entre la industria, educación técnica y estudiantes
Fuente: Phoenix Contact

LA HISTORIA DE LA AUTOMATIZACIÓN INDUSTRIAL

La historia de la automatización industrial es un tema apasionante que invita a un viaje a través de siglos de innovación y progreso en el ámbito manufacturero. Desde los primeros vestigios de automatización hasta la era de la Industria 4.0, este relato ofrece una visión profunda sobre cómo la humanidad ha buscado constantemente mejorar la eficiencia y la productividad en los procesos industriales.

Según Smith (2010) los primeros indicios de automatización pueden rastrearse en la antigüedad, donde se emplearon ingenios mecánicos simples para realizar tareas repetitivas. Sin embargo, fue durante la Revolución Industrial cuando la automatización comenzó a tomar forma concreta. La invención de la máquina de vapor por James Watt en 1769 marcó un hito crucial en este proceso, al permitir la mecanización de procesos que previamente era realizados manualmente.

En el ámbito textil, la máquina de hilar mecánica de Samuel Slater, introducida en 1790, representó otro avance significativo (Jones, 2015). Esta innovación transformó radicalmente la industria textil al aumentar de forma drástica la velocidad y la eficiencia de la producción de hilados.

A medida que avanzaba el siglo XIX, la electricidad emergió como una fuerza motriz importante en la automatización industrial. La invención del motor eléctrico y el desarrollo de sistemas de control eléctrico permitieron una mayor precisión y flexibilidad en los procesos de producción (Brown, 2008).

El siglo XX presenció la introducción de la automatización programable y la informática industrial, con la aparición de dispositivos como los controladores lógicos programables (PLC) y los sistemas de control numérico (CNC) (Taylor, 2012). Estos avances sentaron las bases para la automatización de procesos complejos y la integración de sistemas en toda la planta de fabricación.

En las últimas décadas, la automatización industrial ha entrado en una nueva era con el advenimiento de la Industria 4.0. La integración de tecnologías como el Internet de las cosas (IoT), la inteligencia artificial (IA) y el análisis de datos ha impulsado la automatización a nuevas alturas, lo que permite una mayor eficiencia, flexibilidad y personalización en los procesos industriales (García, 2020).

Los primeros sistemas automatizados

La historia de los primeros sistemas automatizados en el mundo es un fascinante relato de ingenio humano y creatividad técnica que se remonta a siglos atrás. Desde los antiguos ingenios mecánicos hasta los primeros dispositivos de control, estos sistemas representaron hitos cruciales en el desarrollo de la automatización industrial.

Según los estudios de Smith (2010), los primeros indicios de sistemas automatizados pueden encontrarse en la antigüedad, donde civilizaciones como la griega y la romana empleaban ingenios mecánicos para realizar tareas simples y repetitivas. Uno de los más destacados es el astrolabio de Arquímedes, utilizado para calcular la posición de los astros en el cielo, que se considera uno de los precursores de los sistemas automatizados de control.

Otro hito en la historia de los primeros sistemas automatizados fue la invención del telar mecánico por Edmund Cartwright en 1785. Este dispositivo utilizaba un sistema de engranajes y palancas para tejer telas de manera automatizada, reduciendo de forma significativa la necesidad de mano de obra humana en la industria textil (Brown, 2008).

Finalmente, fue en el siglo XX cuando la automatización industrial experimentó un crecimiento significativo con el desarrollo de sistemas de control eléctrico y electrónico. La introducción de relés y contactores eléctricos permitió el control automatizado de máquinas y procesos, allanando el camino para la fabricación en serie y la producción a gran escala.

Avances tecnológicos en la automatización

En el siglo XX, la introducción de la electrónica y la informática llevó la automatización a nuevos niveles de sofisticación. La invención del control numérico por computadora (CNC) en la década del cincuenta, por ejemplo, revolucionó la fabricación al permitir el control preciso de herramientas y maquinaria mediante programas informáticos (Jones, 2016).

Otro avance tecnológico importante en este aspecto fue el desarrollo de los controladores lógicos programables (PLC) en la década del sesenta (Smith, 2013). Estos dispositivos electrónicos permitieron la automatización de procesos industriales complejos y la integración de sistemas en toda la planta de fabricación.

En las últimas décadas, la automatización ha entrado en una nueva era con el advenimiento de la Industria 4.0. La integración de tecnologías como el Internet de las cosas (IoT), la inteligencia artificial (IA) y el aprendizaje automático ha permitido una mayor eficiencia, flexibilidad y personalización en los procesos industriales (García, 2020).

LOS INICIOS DE LA AUTOMATIZACIÓN EN CHILE

Los inicios de la automatización en Chile se remontan a periodos relativamente recientes en comparación con otras regiones industrializadas del mundo. A pesar de ello, el país ha experimentado un rápido avance en la adopción de tecnologías automatizadas en diversos sectores.

Según los estudios de Fernández (2017), los primeros indicios de automatización en Chile se pueden rastrear hasta la segunda mitad del siglo XX, con la introducción de maquinaria y equipos automatizados en la industria manufacturera, especialmente en sectores como la minería y la manufactura.

La minería, en particular, ha sido pionera en la adopción de tecnologías automatizadas en el país. Desde la década del ochenta, empresas mineras como Codelco y Anglo American han implementado sistemas de control automatizados en sus operaciones para mejorar la seguridad, la eficiencia y la productividad (Gómez, 2015).

Otro sector que ha avanzado significativamente en la automatización es la manufactura. La introducción de robots industriales y sistemas de control numérico en empresas manufactureras ha permitido una mayor precisión y eficiencia en los procesos de producción (Hernández, 2019).

Sin embargo, a pesar de estos avances, Chile aún enfrenta desafíos importantes en la adopción de tecnologías automatizadas. Según Rodríguez (2020), la falta de inversión en investigación y desarrollo, así como la escasez de mano de obra calificada en el ámbito de la automatización, han obstaculizado el crecimiento del sector en el país.

Influencias internacionales

La introducción de tecnologías automatizadas en Chile estuvo influenciada por las tendencias globales en la industria. A nivel internacional, países como Estados Unidos, Japón y algunos países europeos estaban adoptando sistemas automatizados en diversos sectores industriales desde los sesenta y los setenta. Estas experiencias pioneras sirvieron como referencia para empresas y profesionales chilenos que buscaban modernizar y mejorar la eficiencia de sus procesos de producción.

Adopción en la minería

Uno de los primeros sectores en Chile en adoptar la automatización fue la industria minera. La minería es una parte fundamental de la economía chilena, y la implementación de tecnologías automatizadas en este sector se centró en aumentar la productividad y mejorar la seguridad de los trabajadores. La introducción de equipos como camiones autónomos, sistemas de perforación automatizados y sistemas de monitoreo remoto permitió a las empresas mineras chilenas optimizar la extracción de minerales y reducir los riesgos asociados con las operaciones mineras.

Avances en la manufactura

Otro ámbito donde se observaron los inicios de la automatización fue en la industria manufacturera. Empresas chilenas en sectores como la automotriz, la electrónica y la alimentaria comenzaron a adoptar robots industriales, sistemas de control numérico computarizado y sistemas de visión artificial para mejorar la eficiencia y la calidad de sus productos. Estas tecnologías permitieron a las empresas automatizar las tareas de ensamblaje, el control de calidad y el manejo de materiales, lo que les permitió competir de manera más efectiva en el mercado nacional e internacional.

Impulso tecnológico y políticas de modernización

El impulso hacia la automatización industrial en Chile también estuvo respaldado por políticas gubernamentales orientadas hacia la modernización y la innovación tecnológica. A través de iniciativas de fomento a la investigación y el desarrollo, así como incentivos para la adopción de tecnologías avanzadas, el gobierno chileno buscó promover la competitividad de la industria nacional y mejorar su posicionamiento en la economía global.

Colaboración con instituciones académicas y centros de investigación

La colaboración entre empresas, instituciones académicas y centros de investigación también desempeñó un papel importante en los inicios de la automatización industrial en Chile. Las universidades y los centros de investigación trabajaron en conjunto con empresas para desarrollar soluciones tecnológicas innovadoras, proporcionar capacitación especializada y promover la transferencia de conocimientos entre el ámbito académico y el sector industrial.

El inicio de la automatización industrial en Chile definitivamente estuvo marcado por la adopción gradual de tecnologías avanzadas en sectores clave. Si bien estos avances representaron un paso importante hacia la modernización y la mejora de la competitividad de la industria chilena, también plantearon desafíos en términos de inversión, capacitación de personal y adaptación a nuevos paradigmas de producción. Sin embargo, estos primeros pasos sentaron las bases para el desarrollo continuo de la automatización industrial en Chile, posicionando al país como un actor relevante en el escenario regional y global de la tecnología industrial.

OPORTUNIDADES PARA LA INDUSTRIA LOCAL

La implementación de la automatización industrial en Chile ofrece una serie de oportunidades para el desarrollo y la mejora de la competitividad en diversos sectores económicos. Esta transformación tecnológica, si se lleva a cabo de manera efectiva y estratégica, podría generar beneficios tanto a nivel empresarial como a nivel macroeconómico, lo que contribuiría al crecimiento sostenible y al fortalecimiento de la posición de Chile en el mercado global. A continuación, se detallan algunas de las oportunidades clave que la automatización industrial brinda a la industria chilena.

Aumento de la productividad

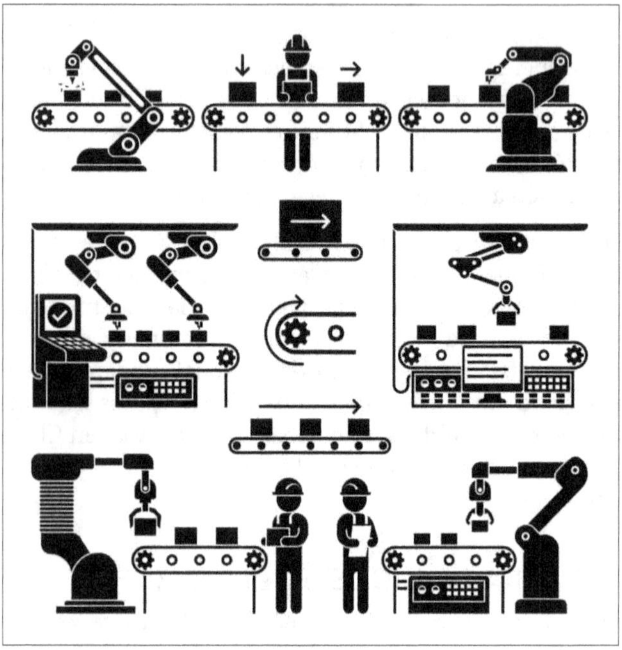

ILUSTRACIÓN 3: Ilustración sobre el aumento de productividad

Fuente: Phoenix Contact

La automatización industrial es una fuerza transformadora en las operaciones que las empresas llevan a cabo, esto ofrece oportunidades significativas para mejorar la productividad, la eficiencia y la calidad en diversos sectores industriales. En este apartado, exploraremos cómo la inserción de sistemas de automatización industrial puede impulsar el aumento de la productividad en una industria, examinando sus beneficios, impacto y consideraciones clave.

- Aumento de la velocidad de producción: uno de los beneficios más evidentes de la automatización industrial es la capacidad de aumentar la velocidad de producción. Los sistemas automatizados pueden realizar tareas repetitivas de manera rápida y constante, lo que acelera los procesos de fabricación y reduce los tiempos de ciclo. Esto permite a las empresas producir más unidades en menos tiempo, lo que aumenta la capacidad de producción total y mejora la respuesta a la demanda del mercado.
- Reducción de los tiempos de inactividad: la automatización industrial también ayuda a reducir los tiempos de inactividad al minimizar los retrasos y las interrupciones en la producción. Los sistemas automatizados pueden operar de manera continua y confiable, lo que disminuye la

probabilidad de fallos y la necesidad de realizar paradas no planificadas para mantenimiento o reparaciones.

- Mejora de la precisión y la consistencia: los sistemas automatizados son capaces de realizar tareas con una precisión y consistencia muy alta, lo que garantiza la uniformidad en la calidad de los productos. Esto reduce la variabilidad en los procesos de producción y minimiza la incidencia de productos defectuosos o rechazados, lo que a su vez reduce los costos de reproceso y mejora la satisfacción del cliente.
- Optimización del uso de recursos: la automatización industrial optimiza el uso de recursos como mano de obra, materias primas y energía. Los sistemas automatizados pueden realizar tareas con mayor eficiencia y aprovechar al máximo los recursos disponibles, lo que reduce los desperdicios y los costos operativos.
- Flexibilidad en la producción: los sistemas automatizados pueden adaptarse fácilmente a cambios en la demanda del mercado y en los requisitos de producción. Esto permite a las empresas ajustar rápidamente sus procesos de fabricación para producir diferentes productos o lotes de producción sin necesidad de reconfiguraciones costosas o tiempos de inactividad prolongados.
- Mejora de la seguridad laboral: la automatización industrial contribuye a mejorar la seguridad laboral al eliminar tareas peligrosas o repetitivas que pueden poner en riesgo la salud y la seguridad de los trabajadores. Los robots y otros sistemas automatizados pueden realizar tareas en entornos peligrosos o contaminados sin exponer a los trabajadores a riesgos innecesarios.

Mejora de la calidad

Los sistemas automatizados pueden realizar controles de calidad en tiempo real, identificando y corrigiendo posibles defectos de manera más rápida y efectiva que los métodos tradicionales. Esto no solo garantiza que los productos cumplan con los estándares de calidad exigidos por los clientes, sino que también mejora la reputación de las empresas chilenas en el mercado nacional e internacional. A continuación, exploraremos en detalle la contribución de la automatización en este aspecto.

- Precisión en la ejecución de tareas: los sistemas automatizados están programados para realizar tareas con una precisión alta precisión, siguiendo instrucciones específicas y ejecutando acciones con una exactitud milimétrica o incluso micrométrica. Esto es especialmente importante en procesos de fabricación donde la precisión es fundamental, como el mecanizado de piezas, la soldadura o el ensamblaje de componentes electrónicos.

- Reducción de la variabilidad: la automatización industrial minimiza la variabilidad en los procesos de producción al ejecutar tareas de manera uniforme y consistente, independiente de las condiciones ambientales o la fatiga humana. Esto garantiza que los productos fabricados cumplan con los estándares de calidad especificados y sean consistentes en términos de dimensiones, forma, acabado y funcionalidad.
- Detección y corrección de errores: los sistemas automatizados están equipados con sensores y sistemas de monitoreo que detectan errores o desviaciones en tiempo real y toman medidas correctivas de manera automática. Esto reduce la probabilidad de errores de producción y permite corregir problemas de calidad de manera proactiva antes de que afecten significativamente la producción.
- Optimización de procesos: la precisión y consistencia mejoradas que ofrece la automatización industrial optimiza los procesos de producción para maximizar la eficiencia y minimizar los desperdicios. Los sistemas automatizados pueden ajustar automáticamente parámetros como la velocidad, la presión o la temperatura para garantizar condiciones óptimas de funcionamiento y mantener una calidad constante en los productos.
- Cumplimiento de especificaciones y normativas: la automatización industrial asegura que los productos fabricados cumplan con las especificaciones técnicas y las normativas de calidad establecidas por los clientes y las autoridades reguladoras. Esto es crucial en industrias reguladas, como la farmacéutica o la aeroespacial, en las que el cumplimiento de estándares de calidad y seguridad es fundamental.

Reducción de costos

Aunque la inversión inicial en tecnologías de automatización puede ser considerable, a largo plazo, puede conducir a una reducción significativa de los costos operativos. La automatización optimiza el uso de recursos como mano de obra, energía y materias primas, lo que se traduce en ahorros sustanciales para las empresas chilenas y las hace más competitivas en el mercado global, por otro lado, el desarrollo tecnológico ha permitido que los precios de la tecnología bajen considerablemente lo que hace mucho más factible su implementación.

- Optimización del uso de recursos: la automatización industrial optimiza el uso, lo que se traduce en una reducción de los costos operativos. En un entorno automatizado, las máquinas y sistemas automatizados pueden realizar tareas de manera más eficiente y precisa.
- Reducción de la mano de obra directa: la automatización reemplaza las tareas manuales repetitivas con sistemas automatizados, lo que elimina la necesidad de una gran cantidad de trabajadores en la línea de

producción. Por ejemplo, en una fábrica automatizada, un robot puede realizar tareas de ensamblaje o manejo de materiales que, de otro modo, requerirían la intervención de varias personas, lo que resulta en una reducción significativa de los costos laborales. Lo anterior pareciera ser una aberración desde el punto de vista social, pero en realidad no lo es, recordar que la automatización reemplaza los procesos repetitivos y por consecuencia, les ofrece más dignidad a los puestos de trabajo en operación, resguardo la salud física y mental de los trabajadores.

- Aprovechamiento eficiente de materias primas: la automatización industrial también reduce el desperdicio y la variabilidad en los procesos de producción. Los sistemas automatizados pueden dosificar y procesar materias primas de manera más precisa, minimizando los excesos y asegurando que se utilicen de manera óptima, lo que resulta en una reducción de los costos asociados con el desperdicio de materiales.
- Ahorro de energía: los sistemas automatizados están diseñados para operar de manera eficiente y consumir la cantidad justa de energía para realizar una tarea específica. Lo que reduce significativamente los costos de energía.
- Mantenimiento predictivo: los sistemas de automatización industrial pueden incorporar tecnologías de mantenimiento predictivo que monitorean el estado de los equipos en tiempo real y predicen posibles fallos antes de que ocurran. Esto reduce la necesidad de mantenimiento reactivo y costoso, así como los tiempos de inactividad asociados, además de reducir los costos operativos y mejora la eficiencia global de la operación.

Mayor flexibilidad y adaptabilidad

Los sistemas automatizados ofrecen mayor flexibilidad y capacidad de adaptación a los cambios en la demanda del mercado y en las condiciones de producción. Esto permite a las empresas chilenas responder de manera más ágil y eficiente a las fluctuaciones en la oferta y la demanda, así como introducir nuevos productos o ajustar los existentes de manera rápida y rentable.

- Programación versátil: los sistemas de automatización están diseñados para ser altamente programables y configurables. Esto significa que pueden adaptarse fácilmente a diferentes tareas y procesos simplemente modificando o ajustando el software que los controla. Esta capacidad de programación versátil permite a las empresas cambiar rápidamente de un tipo de producción a otro sin necesidad de realizar cambios significativos en el equipo físico.
- Reconfiguración rápida: los sistemas automatizados son modulares en su diseño, lo que significa que pueden reconfigurarse rápidamente para adaptarse a nuevas condiciones o requisitos operativos. Por ejemplo, en

una línea de producción automatizada, es posible cambiar la disposición de las máquinas o agregar nuevas estaciones de trabajo para satisfacer cambios en la demanda del mercado o en los productos.

- Producción bajo demanda: la automatización permite la implementación de prácticas de fabricación bajo demanda, como el sistema "justo a tiempo" (JIT). En lugar de producir grandes lotes de productos y mantener inventarios en stock, las empresas pueden fabricar productos solo cuando se necesitan, lo que les permite adaptarse rápidamente a cambios en la demanda y minimizar el riesgo de obsolescencia del inventario.
- Capacidad de personalización: los sistemas de automatización también permiten una mayor personalización de productos sin comprometer la eficiencia o la velocidad de producción. Mediante la programación de parámetros variables, los sistemas automatizados pueden adaptarse fácilmente para producir productos personalizados según las preferencias individuales de los clientes, lo que aumenta la satisfacción del cliente y la competitividad en el mercado.
- Adopción de tecnologías emergentes: los sistemas de automatización están diseñados para integrar tecnologías emergentes y avanzadas, como la inteligencia artificial (IA), el aprendizaje automático y la Internet de las cosas. Estas tecnologías permiten a las empresas recopilar y analizar datos en tiempo real, optimizar procesos de producción y tomar decisiones más informadas y predictivas, lo que aumenta la flexibilidad y la adaptabilidad operativa.
- Optimización de la cadena de suministro: la automatización industrial no se limita solo a la producción interna de una empresa, sino que también puede extenderse a toda la cadena de suministro. Al automatizar los procesos de logística, gestión de inventario y distribución, las empresas pueden mejorar la visibilidad y la eficiencia en toda la cadena de suministro, lo que les permite adaptarse rápidamente a cambios en las condiciones del mercado o las demandas del cliente.

Impulso a la innovación

ILUSTRACIÓN 4: Representación de innovación en la automatización
Fuente: Phoenix Contact

La implementación de sistemas automatizados fomenta la innovación tecnológica en la industria chilena, ya que impulsa la investigación y el desarrollo de nuevas tecnologías y procesos. Esto no solo beneficia a las empresas que adoptan la automatización, sino que también contribuye al crecimiento del sector tecnológico en el país y fortalece su posición como líder en innovación a nivel regional.

- Libera recursos creativos: al automatizar tareas repetitivas y rutinarias, la automatización industrial libera a los empleados de la carga de trabajo tediosa y manual, permitiéndoles dedicar más tiempo y energía a actividades creativas y estratégicas. Esto crea un ambiente propicio para la innovación, donde los empleados pueden enfocarse en el desarrollo de nuevas ideas, productos y procesos.
- Facilita la experimentación: la automatización proporciona una plataforma estable y predecible para realizar experimentos y pruebas. Los sistemas automatizados pueden ejecutar escenarios de prueba de manera consistente y reproducible, lo que permite a las empresas probar nuevas ideas y conceptos de manera rápida y eficiente sin interrumpir la producción regular. Esta capacidad de experimentación acelera el ciclo de innovación al permitir a las empresas aprender y adaptarse más rápidamente.
- Optimiza procesos y productos: la automatización industrial implica la integración de tecnologías avanzadas, como sensores, análisis de datos y control inteligente, lo que optimiza los procesos deproducción. Al recopilar y analizar datos en tiempo real, los sistemas automatizados identifican áreas de mejora y oportunidades de optimización, lo que lleva a la innovación en términos de eficiencia, calidad y rendimiento.

- Fomenta la colaboración interdisciplinaria: la implementación de sistemas de automatización industrial requiere una colaboración estrecha entre equipos multidisciplinarios, que incluyen ingenieros, técnicos, programadores, analistas de datos y personal de operaciones. Esta colaboración interdisciplinaria fomenta la transferencia de conocimientos y la generación de nuevas ideas, lo que estimula la innovación a través del intercambio de perspectivas y experiencias.
- Promueve la flexibilidad y la adaptabilidad: la automatización industrial permite a las empresas adaptarse rápidamente a los del entorno empresarial y a las demandas del mercado. Los sistemas automatizados son altamente flexibles y adaptables, esto permite ajustar y reconfigurar sus operaciones según sea necesario para aprovechar nuevas oportunidades o responder a desafíos emergentes. Esta capacidad de adaptación fomenta la innovación al permitir a las empresas experimentar y explorar nuevos enfoques y soluciones.
- Estimula la competitividad: la implementación de sistemas de automatización industrial puede ser un factor diferenciador en un mercado altamente competitivo. Las empresas que adoptan tecnologías de automatización están mejor posicionadas para innovar y adaptarse rápidamente a las condiciones del mercado, lo que los mantiene a la vanguardia de la competencia y les permite capturar nuevas oportunidades de crecimiento y expansión.

DESAFÍOS PARA LA IMPLEMENTACIÓN DE LA AUTOMATIZACIÓN EN CHILE

A pesar de las oportunidades que ofrece, la automatización industrial también plantea varios desafíos para la industria chilena. Algunos de los principales desafíos incluyen:

Movilidad laboral

En la era de la automatización, la movilidad laboral es un fenómeno que no puede pasarse por alto. A medida que las tecnologías automatizadas continúan transformando los procesos industriales y comerciales, es natural que surjan preocupaciones sobre el impacto que esto pueda tener en el empleo humano. Sin embargo, a pesar de los desafíos que presenta, la movilidad laboral también abre nuevas puertas y oportunidades para el desarrollo profesional y la innovación en diversas áreas. Es en este contexto que surge una mirada optimista, destacando las nuevas posibilidades que la automatización puede ofrecer:

- Transformación de roles y habilidades: la automatización no necesariamente significa la eliminación total de empleos, sino más bien una redefinición de roles y habilidades. A medida que las tareas rutinarias y repetitivas son asumidas por sistemas automatizados, se abren oportunidades para que las personas se enfoquen en actividades que requieren habilidades más complejas y creativas. Esto puede conducir a la creación de empleos más gratificantes y estimulantes, donde la innovación y la resolución de problemas son fundamentales.

- Surgimiento de nuevas industrias y sectores: la automatización no solo transforma las industrias existentes, sino que también impulsa la creación de nuevas industrias y sectores. El desarrollo y la implementación de tecnologías automatizadas generan demanda de habilidades especializadas en áreas como la robótica, la inteligencia artificial, la ciberseguridad y la analítica de datos. Esto crea nuevas oportunidades laborales en campos emergentes y en constante evolución, en los que los trabajadores pueden encontrar un terreno fértil para crecer y desarrollarse profesionalmente.
- Fomento del emprendimiento y la innovación: la movilidad laboral puede motivar a los trabajadores afectados a buscar nuevas oportunidades a través del emprendimiento y la innovación. La automatización puede inspirar a las personas a crear sus propias empresas y *startups*, aprovechando su experiencia y conocimientos para desarrollar soluciones innovadoras y disruptivas en el mercado. Esto no solo fomenta la creación de empleo, sino que también impulsa el progreso económico y tecnológico a nivel local y global.

Enfoque en la formación y el desarrollo continuo: la movilidad laboral también resalta la importancia de la formación y el desarrollo continuo de habilidades. A medida que el panorama laboral evoluciona, es crucial que los trabajadores se mantengan actualizados y adquieran nuevas habilidades que les permitan adaptarse a las demandas cambiantes del mercado. Esto puede incluir la participación en programas de formación profesional, cursos de actualización y capacitación en nuevas tecnologías y habilidades relevantes para el mercado laboral actual y futuro.

Brecha tecnológica

Los indicadores a continuación proporcionan una visión general de la brecha tecnológica en Chile en áreas clave como la conectividad, la adopción de tecnologías digitales en empresas, la inversión en investigación y desarrollo I+D, las competencias digitales de la población y la inclusión financiera digital.

- Conectividad a Internet: según el *Informe de desarrollo digital de América Latina y el Caribe 2020 de la Comisión Económica para América Latina y el Caribe*, en Chile, solo el 68 % de los hogares tiene acceso a Internet, lo que destaca una brecha significativa en el acceso a la conectividad.
- Uso de tecnologías digitales en empresas: de acuerdo con el Índice de Economía y Sociedad Digital (DESI) de la Unión Europea, Chile se ubica en el puesto 44 entre 28 países evaluados en términos de digitalización

de empresas. Este indicador muestra un rezago en la adopción de tecnologías digitales en el ámbito empresarial.

- Inversión en I+D: según datos del Banco Mundial, en 2018, Chile destinó aproximadamente el 0,4 % de su PIB a actividades de I+D, lo que evidencia una brecha en comparación con otros países desarrollados que invierten un porcentaje mayor en innovación tecnológica.
- Competencias digitales de la población: el Índice Global de Habilidades Digitales (GDSI) de 2020 muestra que Chile se encuentra en el puesto 59 de 76 países en términos de habilidades digitales de la población. Esto sugiere una brecha en el nivel de competencias digitales necesarias para aprovechar plenamente las oportunidades tecnológicas.
- Inclusión financiera digital: según el informe del Banco Mundial sobre el panorama de inclusión financiera en Chile, aún persisten desafíos en la adopción de servicios financieros digitales, lo que refleja una brecha en el acceso a la tecnología financiera.

Chile, como muchas otras naciones, enfrenta una brecha tecnológica que amenaza con obstaculizar su progreso en el ámbito industrial. Una de las áreas críticas donde esta brecha se hace evidente es en la adopción de la automatización industrial. Si bien la automatización promete mejorar la eficiencia, la productividad y la competitividad de las empresas, el costo de inversión a menudo se percibe como un obstáculo insuperable, especialmente para las pequeñas y medianas empresas. Es esencial reconocer que el costo de inversión no debería ser un impedimento para adoptar la automatización industrial en Chile. Si bien la implementación de sistemas automatizados puede requerir una inversión inicial significativa, los beneficios a largo plazo son considerables y pueden superar con creces estos costos iniciales. Es fundamental cambiar la percepción de que la automatización es inalcanzable para las pymes y destacar las diversas formas en que estas empresas pueden acceder a la tecnología y superar las barreras económicas.

Una de las formas de hacer que la automatización sea más accesible es a través de incentivos fiscales y programas de financiamiento gubernamentales. El gobierno chileno puede implementar políticas que otorguen créditos fiscales o subvenciones para ayudar a las empresas a cubrir parte de los costos de inversión en tecnología. Estos incentivos pueden hacer que la automatización sea más asequible y atractiva para las pymes, fomentando así su adopción y promoviendo la modernización de la industria.

Además, las pymes pueden optar por modelos de negocio basados en la nube o servicios de suscripción que les permitan acceder a tecnologías de automatización sin necesidad de realizar grandes inversiones de capital inicial. Estos modelos ofrecen la flexibilidad de pagar por los servicios según el uso, lo que reduce la carga financiera y hace que la automatización sea más accesible para empresas con presupuestos limitados.

Otra estrategia efectiva es fomentar la colaboración entre empresas y centros de investigación o universidades para desarrollar soluciones de automatización a medida y adaptadas a las necesidades específicas de las pymes. Estas colaboraciones pueden resultar en soluciones más económicas y personalizadas que se ajusten al presupuesto y las capacidades de las empresas más pequeñas, permitiéndoles adoptar gradualmente la automatización sin comprometer su viabilidad financiera.

Además, es esencial brindar apoyo y capacitación en habilidades digitales a los trabajadores para garantizar una transición exitosa hacia la automatización. La formación en tecnología y habilidades digitales no solo ayudará a los trabajadores a adaptarse a los nuevos sistemas automatizados, sino que también aumentará su empleabilidad y contribuirá al crecimiento económico a largo plazo.

Resistencia al cambio

La automatización industrial se ha convertido en un elemento crucial para la mejora de la eficiencia, la productividad y la competitividad en las empresas de todo el mundo. Sin embargo, la implementación de la automatización también conlleva desafíos significativos, especialmente en la resistencia al cambio por parte de los empleados y las estructuras organizacionales existentes. La aversión al cambio puede surgir debido al miedo a lo desconocido, la pérdida de control o la preocupación por el impacto en el empleo. Ante estos desafíos, las empresas están adoptando diversas estrategias para abordar esta resistencia y facilitar la transición hacia la automatización industrial.

- Comunicación clara y transparente: una comunicación clara y transparente es fundamental. Las empresas deben comunicar de manera efectiva los beneficios de la automatización, tanto para la organización en su conjunto como para los empleados individualmente. Es importante destacar cómo la automatización puede mejorar las condiciones de trabajo, liberar tiempo para tareas más creativas y estratégicas, y aumentar la competitividad de la empresa en el mercado global.
- Involucramiento y participación de los empleados: involucrar a los empleados en el proceso de implementación de la automatización es esencial para superar la resistencia al cambio. Las empresas pueden fomentar la participación de los trabajadores solicitando su opinión y retroalimentación, involucrándolos en la toma de decisiones y proporcionando oportunidades para la capacitación y el desarrollo de habilidades relacionadas con la automatización. Al hacer que se sientan parte del proceso, es más probable que acepten y apoyen los cambios propuestos.
- Capacitación y desarrollo de habilidades: la capacitación y el desarrollo de habilidades son componentes clave para abordar la resistencia al cambio en la automatización industrial. Las empresas deben proporcionar

a los empleados las habilidades necesarias para trabajar con tecnologías automatizadas, así como oportunidades para adquirir habilidades adicionales que les permitan adaptarse y prosperar en un entorno laboral cambiante. La capacitación continua y el desarrollo profesional ayudan a las personas a sentirse más seguros y competentes en sus roles, lo que reduce la resistencia al cambio y aumenta la aceptación de la automatización.

- Gestión del cambio organizacional: es fundamental para garantizar una transición exitosa hacia la automatización industrial. Las empresas deben desarrollar e implementar planes de cambio claros y bien estructurados que aborden los aspectos culturales, estructurales y de procesos relacionados con la adopción de la automatización. Esto puede incluir la redefinición de roles y responsabilidades, la reorganización de equipos de trabajo y la creación de una cultura organizacional que fomente la innovación y el aprendizaje continuo.
- Reconocimiento y recompensa: Las empresas pueden implementar sistemas de reconocimiento y recompensa que valoren el trabajo en equipo, la creatividad y la adaptabilidad en un entorno de cambio. Esto ayuda a crear un ambiente de trabajo positivo y colaborativo donde los empleados se sientan valorados y motivados a contribuir al éxito de la empresa.

SOBRE LOS ESTUDIANTES DE LA EDUCACIÓN TÉCNICO-PROFESIONAL

ILUSTRACIÓN 5: Representación alumnos de educación técnico-profesional en Chile

Fuente: Phoenix Contact

La caracterización del estudiante técnico-profesional en Chile se basa en datos proporcionados por el Ministerio de Educación de Chile y diversas investigaciones sobre educación técnica en el país.

En cuanto a la edad, los y las estudiantes técnicos profesionales en Chile suelen tener entre 15 y 24 años, aunque también hay una proporción significativa de adultos que optan por la educación técnica como una opción de formación continua o reorientación profesional.

En cuanto al género, si bien históricamente la educación técnica ha estado asociada con una mayor presencia masculina, en las últimas décadas ha aumentado de manera gradual la participación femenina en este ámbito. Sin embargo, aún persiste una brecha de género, con una representación mayoritaria de hombres en áreas técnicas como la mecánica, la electricidad y la construcción, mientras que las mujeres tienden a concentrarse en áreas como la enfermería, la gastronomía y la educación infantil.

En cuanto al contexto social, los estudiantes técnicos profesionales provienen de una amplia gama de contextos socioeconómicos. Si bien hay una presencia significativa de estudiantes de familias de ingresos medios y bajos, también hay casos de estudiantes de familias con mayores recursos económicos que optan por la educación técnica como una vía para adquirir habilidades prácticas y especializadas.

Además, muchos estudiantes técnicos profesionales enfrentan desafíos adicionales relacionados con su contexto social, como la falta de acceso a recursos educativos adecuados, la ubicación geográfica en áreas remotas o rurales con escasa oferta educativa, o la necesidad de combinar el estudio con el trabajo para contribuir al sustento familiar.

Además, algunos estudiantes de educación técnica pueden enfrentar desafíos académicos en comparación con sus pares que optan por la educación tradicional. Esto puede deberse a diversas razones, como diferencias en estilos de aprendizaje, falta de recursos educativos adecuados en sus entornos o experiencias previas de fracaso escolar.

Sin embargo, la motivación y determinación de los estudiantes de educación técnica profesional en Chile son aspectos fundamentales que los distinguen en su búsqueda del éxito profesional. Esta motivación no solo se manifiesta en su interés por adquirir habilidades prácticas y técnicas, sino también en su capacidad para superar obstáculos y perseguir sus metas con dedicación y esfuerzo.

Fundamentalmente, muchos de estos estudiantes muestran una pasión innata por áreas específicas, como la tecnología, la mecánica, la electrónica o la gastronomía. Desde una edad temprana, pueden manifestar un interés particular en actividades relacionadas con estas áreas, ya sea desmontando dispositivos electrónicos para comprender su funcionamiento, experimentando en la cocina para crear nuevas recetas o mostrando habilidades para reparar objetos mecánicos. Esta pasión impulsa su compromiso con la educación técnica, ya que perciben estas disciplinas como más que simples materias escolares, sino como campos en los que pueden desarrollar su creatividad, habilidades y talentos únicos. Este sentido de propósito les brinda la motivación necesaria para enfrentar los desafíos que puedan surgir en su camino educativo y profesional.

Además, la disposición de estos estudiantes para invertir tiempo y esfuerzo en el desarrollo de sus habilidades es notable. A menudo, están dispuestos a participar en actividades extracurriculares, cursos adicionales o proyectos prácticos que les permitan profundizar su conocimiento y experiencia en sus áreas de interés. Esta dedicación no solo demuestra su compromiso con su propio crecimiento personal y profesional, sino que también refleja su comprensión de la importancia de adquirir habilidades prácticas y especializadas en el competitivo mercado laboral actual.

Los estudiantes de educación técnica en Chile son reconocidos por su enfoque práctico y su orientación hacia el trabajo real desde una etapa temprana de su formación. Esta característica se manifiesta en su disposición para aplicar activamente los conocimientos adquiridos en entornos laborales reales, a través de diversas oportunidades como pasantías, prácticas profesionales y proyectos prácticos.

Este enfoque práctico no solo les brinda la oportunidad de desarrollar habilidades técnicas específicas, sino que también les permite familiarizarse con el entorno laboral y entender las demandas del mercado desde una perspectiva práctica; al participar en pasantías y prácticas profesionales, estos estudiantes tienen la oportunidad de trabajar junto a profesionales experimentados en su campo, lo que les brinda una invaluable experiencia práctica y les ayuda a comprender cómo aplicar sus habilidades en un contexto laboral real.

Además, los estudiantes de educación técnica muestran una mentalidad emprendedora que los impulsa a buscar oportunidades para aplicar sus conocimientos de manera creativa e innovadora. Están ansiosos por identificar problemas en su entorno y proponer soluciones prácticas utilizando sus habilidades técnicas y su capacidad de resolución de problemas. Esta mentalidad emprendedora les permite no solo ser empleados efectivos en el mercado laboral, sino también aspirar a crear sus propios emprendimientos y contribuir al desarrollo económico y social de su comunidad.

Los proyectos prácticos también desempeñan un papel crucial en el desarrollo de los estudiantes de educación técnica, ya que les permiten aplicar de manera práctica los conceptos teóricos aprendidos en el aula. Estos proyectos fomentan la colaboración, la creatividad y el pensamiento crítico, al tiempo que les proporcionan la oportunidad de enfrentarse a desafíos reales y encontrar soluciones innovadoras.

SOBRE TECHEDUCATION, XPLORE Y EDUNET

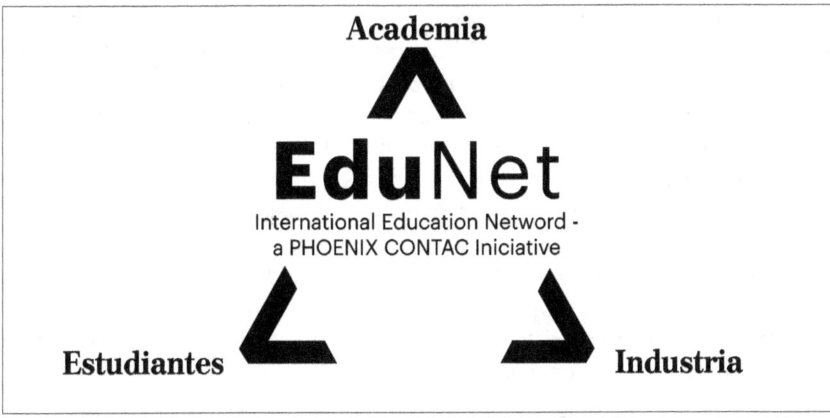

ILUSTRACIÓN 6: Red EduNet
Fuente: Phoenix Contact

Llevando la Industria 4.0 a la enseñanza

Bajo la marca TechEducation e impulsado por Phoenix Contact, esta organización desarrolla ofertas educativas integrales e innovadoras para desarrollar competencias en automatización y digitalización industrial, ofreciendo el aprendizaje de tecnologías específicas sobre productos industriales reales para muchas áreas educativas, en colegios y universidades, así como en los departamentos de aprendizaje, formación y educación de las empresas. El enfoque principal son las últimas tendencias tecnológicas, las necesidades del sector educativo y del mercado laboral actual.

Las principales iniciativas de TechEducation son dos:

Concurso Xplore Technology Award para un mundo sustentable
La misión de este concurso es conectar las tecnologías con necesidades para un mundo más sustentable, los valores, las personas y el futuro.

El propósito de Xplore a nivel mundial es promover y empoderar a todos por una sociedad más sostenible, eléctrica y digital, en línea con el propósito de la compañía Phoenix Contact.

La única manera de crear un mundo sostenible es hacerlo juntos, en este sentido TechEducation está situando a la sociedad en el centro de la educación tecnológica y, por tanto, estamos allanando el camino hacia una "Sociedad Totalmente Eléctrica" (Empowering the All Electric Society).

Xplore 2023, fue la octava versión de la competencia que se realiza una vez cada tres años, en aquella oportunidad el desafío fue dar solución a alguna necesidad enmarcado en alguno de los 17 objetivos de desarrollo sostenible utilizando la tecnología. Más de 180 universidades presentaron sus desarrollos de las cuales 100 recibieron premio de 3.500 euros en equipamiento y soporte para desarrollo de la solución. Es importante destacar que cuatro universidades chilenas fueron galardonadas con el premio; Duoc UC con cuatro poryectos, Inacap con dos proyectos y las universidades de Concepción y del Biobío con un proyecto cada uno. Finalmente, los 25 mejores equipos tuvieron la oportunidad de viajar y presentar en Alemania, entre ellos dos equipos chilenos, el proyecto Ketran Agrobot de Duoc UC: Prototipo de Robot Granjero (visión artificial y robótica) y el proyecto AMI-CI de UDEC: Medición avanzada de la infraestructura eléctrica existente y su comportamiento ante el uso masivo de la electromovilidad en Concepción.

Red internacional de educación EduNet

EduNet es una iniciativa revolucionaria de compañía Phoenix Contact que une la industria con la academia para impulsar la educación tecnológica y promover el desarrollo de habilidades en ciencia, tecnología, ingeniería y matemáticas (STEM por sus siglas en inglés) entre los estudiantes. A través de una variedad de actividades y recursos, EduNet facilita la colaboración y el intercambio de conocimientos entre empresas, universidades y estudiantes de todo el mundo. A continuación, se detallan las principales actividades que realiza EduNet para lograr este objetivo:

- Estudiar en Laboratorios EduNet: los laboratorios EduNet, diseñados conjuntamente por la industria y la academia, proporcionan a los estudiantes acceso a equipos de última generación y tecnologías de vanguardia. Estos laboratorios están diseñados para brindar a las y los estudiantes una experiencia práctica y relevante que los prepara para el mundo profesional.
- Desarrollo Conjunto de Innovaciones: el objetivo de EduNet es desarrollar conjuntamente innovaciones y contenidos relevantes para la formación en tecnología. Tanto las empresas como las universidades colaboran en la creación de programas de estudio, proyectos de investigación y materiales educativos que reflejen las necesidades y tendencias del mercado.

Instalación de plataformas de formación I4.0 - PLCnext: hasta la fecha, se han instalado más de 900 plataformas de formación en laboratorios EduNet en todo el mundo (23 Laboratorios en Chile de los cuales Duoc UC lidera con 14 sedes consolidando un total de 140 plataformas I4.0 - PLCnext). Estas plataformas brindan acceso a equipos de TechEducation, lo que les permite recibir formación especializada y realizar prácticas de última generación.

- Oferta de formación y eventos: EduNet ofrece una variedad de actividades formativas, como conferencias de expertos, cursos de formación gratuitos y proyectos de investigación. Estas actividades proporcionan a los estudiantes una amplia gama de oportunidades para aprender y desarrollar habilidades técnicas relevantes para la industria.
- Colaboración internacional: EduNet cuenta con más de 150 universidades miembro en 37 países de todo el mundo. Esta amplia red de colaboración permite a las y los estudiantes participar en intercambios internacionales, realizar prácticas en el extranjero y colaborar en proyectos de investigación globales.
- Transferencia de tecnologías: la colaboración entre la industria y la academia en el marco de EduNet facilita la transferencia de tecnologías entre ambas partes. Las empresas comparten su experiencia y conocimientos con las universidades, mientras que estas últimas contribuyen con su experiencia en investigación y desarrollo.

Una de las características distintivas de EduNet es su enfoque holístico en el aprendizaje práctico y experiencial. A través de una amplia gama de recursos educativos, laboratorios virtuales y proyectos prácticos, los estudiantes tienen la oportunidad de aplicar los conocimientos adquiridos en el aula en situaciones del mundo real. Esta combinación de teoría y práctica no solo fortalece la comprensión de los conceptos fundamentales, sino que también desarrolla habilidades críticas como el pensamiento crítico, la resolución de problemas y la creatividad.

Además, EduNet ofrece una variedad de oportunidades de desarrollo profesional y colaboración entre pares. Desde eventos y conferencias en línea hasta foros de discusión y proyectos colaborativos, quienes participan tienen acceso a un entorno de aprendizaje diverso y estimulante donde pueden compartir ideas, explorar nuevas tendencias y establecer conexiones valiosas con profesionales del sector.

Duoc UC fue pionero en Chile en formalizar convenio y ser reconocido como integrante de la red internacional Edunet en Chile, lo anterior gracias a la vinculación de Duoc UC Plaza Norte y Phoenix Contact Chile en abril de 2019, posterior al lanzamiento de asignatura programación IOT, Duoc UC estandariza esta plataformas de formación I4.0 – PLCnext con 14 sedes (140 plataformas) de las 23 existente en el País, liderando el desarrollo de competencias de digitalización e Industria 4.0.

Aprender jugando

Alineado con la simulación que es una de las tecnologías clave de la Industria 4.0, el equipo de TechEducation ha desarrollado un juego en línea que transmite conocimientos sobre la transición energética. Este juego se llama ELECTRIFYtoday (ELTO) y está desarrollado para uso exclusivo en educación.

De esta manera, los jugadores aprenden los fundamentos de la generación, distribución, almacenamiento y consumo de energía todo lo que necesitaremos para contrarrestar el cambio climático causado por la humanidad con nuestras habilidades y tecnologías con los siguientes conceptos:

- La sociedad totalmente eléctrica como visión sostenible del futuro
- Distribución y almacenamiento de energía
- Edificios y fábricas inteligentes
- Energía solar y eólica
- Movilidad eléctrica

Transmisión lúdica de conocimientos con enfoque en aprendices y estudiantes de las disciplinas STEM, así como en todos los interesados.

La primera versión en alemán del juego se lanzó en junio de 2024. El juego está disponible gratuitamente a través de una aplicación web[1].

Definitivamente, ELTO es una herramienta educativa integral e innovadora para el desarrollo de competencias de la electrificación, la conectividad y la automatización. Para los profesores, ELECTRIFYtoday ofrece una oportunidad de enseñanza interactiva. El principal objetivo común es crear un mundo en el que la energía procedente de recursos renovables esté disponible en cantidades suficientes y a precios asequibles. Es importante acompañar a los jóvenes en este viaje, inspirarlos y ponerlos al día. ELECTRIFYtoday ofrece una experiencia de aprendizaje divertida para contenido electrotécnico.

El juego es adecuado para su uso en la enseñanza de materias STEM y en la formación en ingeniería eléctrica y mecatrónica. Se explica, experimenta y cuestiona todo el alcance de la revolución energética y el acoplamiento sectorial en varias estaciones de aprendizaje sobre temas y disciplinas. El modo presentación permite activar y trabajar temas específicos para grupos. Los objetivos de ELECTRIFY Today son:

1. **Disponible en www.tech-education.com/electrify-today-en/.**

- Crear una sociedad totalmente eléctrica como visión de futuro en el mundo educativo, en el que se optimiza la eficiencia energética y la eficiencia de los recursos y dominan las energías renovables.
- Generar entusiasmo por la electrificación, las redes y la automatización.
- Desarrollar y profundizar el conocimiento de tecnologías para la revolución energética y el acoplamiento sectorial.
- Comprender la importancia del propio papel (profesional) en la creación de la sociedad totalmente eléctrica.

CAPÍTULO 3

La educación técnico-profesional y su impacto en la industria local

ILUSTRACIÓN 7: Representación educación técnica profesional y su impacto en la industria

Fuente: Phoenix Contact

La educación técnico-profesional en Chile juega un rol fundamental en la formación de recursos humanos altamente especializados para enfrentar los desafíos del mercado laboral. Es un nivel de educación que se enfoca en proporcionar a los estudiantes habilidades prácticas y conocimientos técnicos específicos para desempeñarse en diferentes sectores productivos. Esta modalidad educativa se caracteriza por su estrecha vinculación con el mundo laboral, lo que permite una exitosa inserción en el mercado y una respuesta a las demandas y necesidades de las empresas.

DEFINICIÓN DE EDUCACIÓN TÉCNICO-PROFESIONAL

La educación técnico-profesional se define como un nivel de educación que busca formar profesionales especializados en áreas técnicas y prácticas. A diferencia de la educación universitaria, que se enfoca en la formación teórica, la educación técnico-profesional otorga conocimientos prácticos y habilidades técnicas específicas para realizar tareas y actividades concretas en el ámbito laboral. Esta formación se imparte en instituciones como centros de formación técnica, institutos profesionales y liceos técnicos, donde los estudiantes pueden capacitarse en diversas carreras y especialidades según sus intereses y aptitudes.

IMPORTANCIA DE LA EDUCACIÓN TÉCNICO-PROFESIONAL EN CHILE

La educación técnico-profesional desempeña un papel crucial en el desarrollo de Chile como una nación próspera y competitiva en el escenario global. Esta modalidad educativa, centrada en la adquisición de habilidades prácticas y técnicas, es fundamental para el crecimiento económico, la innovación y la inclusión social en el país, debido a que la educación técnico-profesional contribuye directamente al fortalecimiento del mercado laboral chileno al proporcionar a los estudiantes las habilidades necesarias para satisfacer la demanda de empleo en sectores clave de la economía. Con la rápida evolución de la tecnología y la digitalización de la industria, existe una creciente necesidad de trabajadores altamente calificados en áreas como la tecnología de la información, la ingeniería, la salud y la gastronomía, entre otros. La formación técnica prepara a los estudiantes para estos roles especializados, facilitando su inserción laboral y contribuyendo a reducir la brecha de habilidades en el mercado laboral.

Además, la educación técnico-profesional fomenta la innovación y el emprendimiento al proporcionar a los estudiantes las habilidades necesarias para desarrollar soluciones creativas a los desafíos económicos y sociales del país. Los técnicos profesionales están capacitados para aplicar sus conocimientos en la resolución de problemas concretos, lo que conduce al desarrollo de nuevas tecnologías, productos y servicios que impulsan la competitividad y el crecimiento económico de Chile.

Otro aspecto fundamental es la contribución de la educación técnico-profesional a la inclusión social y la movilidad económica. Al ofrecer una alternativa viable a la educación tradicional, esta modalidad educativa brinda oportunidades de formación y empleo a personas de diversos orígenes socioeconómicos, incluidos aquellos que enfrentan desafíos económicos o que provienen de comunidades marginadas. Esto no solo promueve la equidad y la justicia social, sino que también estimula el desarrollo de una fuerza laboral diversa y capacitada que refleje la riqueza cultural y étnica de Chile.

En definitiva, esta modalidad educativa contribuye a la diversificación y especialización de la fuerza laboral del país, brinda oportunidades de empleo a miles de jóvenes y adultos. Además, la educación técnico-profesional es fundamental para satisfacer las demandas del mercado laboral en sectores estratégicos como la industria, la minería, la construcción y la tecnología. Al formar profesionales altamente capacitados en áreas técnicas, se fomenta la innovación, la productividad y el crecimiento económico del país.

Desarrollo de habilidades técnicas

La importancia de la educación técnica profesional radica en su capacidad para desarrollar habilidades técnicas específicas que son altamente valoradas en el mercado laboral. Estas habilidades incluyen conocimientos prácticos y competencias especializadas que son esenciales para desempeñarse eficazmente en una variedad de industrias y ocupaciones.

En los programas de educación técnica profesional, las y los estudiantes tienen la oportunidad de adquirir habilidades prácticas en áreas como la electrónica, la mecánica, la informática, la construcción, la soldadura, entre otras. A través de clases teóricas y actividades prácticas en laboratorios y talleres especializados, los estudiantes aprenden a utilizar herramientas, equipos y tecnologías específicas de su campo de estudio.

Además del desarrollo de habilidades técnicas específicas, la educación técnica también fomenta el desarrollo de habilidades transferibles como el pensamiento crítico, la resolución de problemas, el trabajo en equipo y la comunicación efectiva. Estas habilidades son fundamentales para el éxito en el lugar de trabajo y la adaptación a entornos laborales dinámicos y cambiantes.

Al proporcionar una combinación equilibrada de habilidades técnicas y habilidades transferibles, la educación técnica profesional prepara a los estudiantes para enfrentar los desafíos del mundo laboral con confianza y competencia. Los graduados de estos programas están bien equipados para ingresar al mercado laboral y contribuir de manera significativa al crecimiento y la innovación en sus respectivas industrias.

Además del desarrollo de habilidades técnicas específicas, la educación técnica profesional también se centra en la aplicación práctica de los conocimientos teóricos. Esto significa que los estudiantes no solo aprenden los fundamentos de su campo, sino que también tienen la oportunidad de poner en práctica lo que aprenden en entornos de laboratorio o en situaciones reales de trabajo simuladas.

Este enfoque práctico permite a los estudiantes experimentar y resolver problemas reales que podrían encontrar en sus futuras carreras. Al enfrentarse a desafíos prácticos, los estudiantes no solo consolidan su comprensión teórica, sino que también desarrollan habilidades de resolución de problemas, toma de decisiones y pensamiento crítico. Otra ventaja de este enfoque práctico es que los estudiantes pueden adquirir experiencia laboral relevante antes de graduarse. A través de pasantías, prácticas profesionales o proyectos colaborativos con la industria, los estudiantes tienen la oportunidad de trabajar en entornos profesionales y desarrollar redes profesionales que pueden beneficiar su futura carrera.

Empleabilidad

Los graduados de educación técnica profesional suelen estar altamente demandados por las empresas debido a su capacitación específica y sus habilidades prácticas. Estos programas preparan a los estudiantes para ingresar directamente al mercado laboral o continuar su educación en niveles superiores. Por lo tanto, uno de los principales objetivos de la educación técnica profesional es mejorar la empleabilidad de los estudiantes al proporcionarles las habilidades y conocimientos necesarios para tener éxito en el mercado laboral. Esta mejora en la empleabilidad se logra a través de varios mecanismos:

- Capacitación en habilidades específicas: los programas de educación técnica profesional se centran en proporcionar a los estudiantes habilidades técnicas específicas que son altamente demandadas en la industria. Estas habilidades prácticas, como la soldadura, la programación informática, la electricidad industrial o la mecánica automotriz, son directamente aplicables en el lugar de trabajo, lo que aumenta la atracción de los graduados para los empleadores.
- Experiencia práctica: la educación técnica profesional a menudo incluye oportunidades para que los estudiantes obtengan experiencia práctica a través de pasantías, prácticas profesionales o proyectos prácticos. Esta experiencia laboral proporciona a los estudiantes una comprensión más profunda de su campo, les permite aplicar sus conocimientos en entornos reales y les ayuda a desarrollar una red de contactos profesionales que pueden ser útiles para encontrar empleo.
- Adquisición de habilidades transferibles: además de las habilidades técnicas específicas, la educación técnica profesional también se centra en el desarrollo de habilidades transferibles, como el pensamiento crítico, la resolución de problemas, la comunicación efectiva y el trabajo en equipo. Estas habilidades son valoradas por los empleadores en una variedad de industrias y ocupaciones, lo que aumenta las oportunidades de empleo de los graduados.
- Adaptación a las necesidades del mercado laboral: los programas de educación técnica profesional están diseñados para satisfacer las necesidades actuales del mercado laboral, lo que significa que los estudiantes están siendo preparados para roles y ocupaciones que están en alta demanda. Esta alineación con las necesidades del mercado laboral aumenta la empleabilidad de los graduados y les proporciona una ventaja competitiva en su búsqueda de empleo.

Contribución al crecimiento del país

La educación técnica profesional desempeña un papel crucial en el desarrollo económico al proporcionar a las empresas el talento y la experiencia necesarios para innovar y competir en el mercado global. Los profesionales técnicos formados contribuyen al crecimiento de diversos sectores industriales y al impulso de la productividad y la eficiencia. Algunas contribuciones son:

- Alineación con las necesidades del mercado laboral: los programas de educación técnica profesional están diseñados para satisfacer las demandas específicas del mercado laboral, lo que significa que los graduados están equipados con las habilidades y conocimientos necesarios para llenar vacantes en sectores clave de la economía. Esta alineación reduce la brecha entre la oferta y la demanda de habilidades en el mercado laboral, lo que contribuye a un mercado laboral más eficiente y productivo.
- Impulso a la innovación y la competitividad: La educación técnica profesional fomenta la innovación al proporcionar a los estudiantes las habilidades y el conocimiento necesarios para desarrollar nuevas tecnologías, procesos y productos. Los graduados de estos programas a menudo se convierten en motores de innovación en sus respectivos campos, lo que impulsa la competitividad de las empresas y la economía en general.
- Reducción del desempleo y la pobreza: la educación técnica profesional proporciona a los individuos las habilidades y competencias necesarias para acceder a empleos bien remunerados y estables. Al reducir el desempleo y aumentar los ingresos de los trabajadores, la educación técnica puede ayudar a reducir la pobreza y mejorar la calidad de vida de las personas y las comunidades.
- Fomento del emprendimiento y la creación de empresas: los graduados de educación técnica profesional están bien posicionados para iniciar sus propios negocios y emprendimientos. Estos individuos tienen la experiencia y el conocimiento necesarios para identificar oportunidades de mercado, desarrollar soluciones innovadoras y gestionar con éxito una empresa. El emprendimiento ayuda a estimular el crecimiento económico al crear empleo, generar ingresos y promover la competencia y la innovación en el mercado.
- Contribución al desarrollo de sectores estratégicos: la educación técnica profesional es fundamental para el desarrollo de sectores estratégicos de la economía, como la industria manufacturera, la tecnología de la información, la salud, la construcción y las energías renovables. Los graduados de estos programas proporcionan la mano de obra calificada necesaria para impulsar estos sectores y fortalecer la base económica del país.

VENTAJAS DE LA EDUCACIÓN TÉCNICO-PROFESIONAL

Duración de las carreras

Los programas de educación técnica profesional suelen tener una duración más corta en comparación con los programas universitarios tradicionales, lo que permite a los estudiantes ingresar al mercado laboral de manera más rápida y con menos deudas estudiantiles. Esta menor duración conlleva varias ventajas significativas:

- Ingreso rápido al mercado laboral: los programas de educación técnica suelen ser más cortos y enfocados en las habilidades prácticas necesarias para desempeñarse en un campo específico. Esto permite que los graduados ingresen al mercado laboral más rápidamente en comparación con aquellos que eligen programas universitarios más largos. Los estudiantes pueden adquirir habilidades prácticas y comenzar a trabajar en su campo elegido en un periodo más corto, lo que les permite ganar experiencia laboral y generar ingresos más pronto.
- Menor carga financiera: la duración más corta de los programas de educación técnica también significa que los estudiantes pueden completar su formación en menos tiempo y, por lo tanto, incurren en menores costos educativos. Esto es especialmente importante dado el creciente costo de la educación universitaria. Los programas de educación técnica a menudo son más accesibles en términos de costo, lo que reduce la carga financiera para los estudiantes y sus familias y les permite ingresar al mercado laboral con menos deudas estudiantiles.
- Flexibilidad en la formación: la duración más corta de los programas de educación técnica ofrece una mayor flexibilidad para aquellos que desean obtener habilidades y calificaciones específicas en un periodo más corto. Esto es beneficioso para aquellos que desean realizar una transición rápida a una nueva carrera o para aquellos que buscan actualizar sus habilidades y conocimientos en un campo específico sin comprometer varios años en un programa educativo más largo. La flexibilidad en la formación también puede adaptarse mejor a las necesidades cambiantes del mercado laboral y permitir a los trabajadores adaptarse rápidamente a nuevas oportunidades y demandas laborales.

Enfoque práctico y orientado al trabajo

Este tipo de educación se destaca por su enfoque práctico y orientado al trabajo, donde el aprendizaje no se limita a la teoría en el aula, sino que se enfoca en la aplicación directa de habilidades en entornos laborales simulados o reales. Este enfoque ofrece varias ventajas significativas para los estudiantes:

- Aprendizaje práctico desde el principio: en la educación técnica profesional, los estudiantes no esperan hasta etapas avanzadas de su formación para experimentar el entorno laboral. Desde el inicio se involucran en actividades prácticas que reflejan situaciones reales que pueden encontrar en su futura carrera. Esto les permite familiarizarse tempranamente con las herramientas, tecnologías y procedimientos utilizados en su campo de estudio.
- Desarrollo de habilidades relevantes y aplicables: al participar en actividades prácticas desde el principio, los estudiantes tienen la oportunidad de desarrollar habilidades directamente relevantes y aplicables en el mundo laboral. En lugar de simplemente memorizar conceptos teóricos, aprenden cómo aplicar esos conceptos para resolver problemas reales y llevar a cabo tareas específicas dentro de su área de especialización.
- Preparación para el mercado laboral: la educación técnica-profesional prepara a los estudiantes para ingresar directamente al mercado laboral al completar su formación. Al adquirir experiencia práctica y desarrollar habilidades relevantes para la industria, los graduados están bien posicionados para competir por empleos en su campo elegido y contribuir de manera efectiva desde el primer día en el trabajo.
- Enfoque en competencias laborales clave: además de adquirir conocimientos técnicos específicos, los estudiantes de educación técnica profesional también desarrollan competencias laborales clave, como el trabajo en equipo, la comunicación efectiva, la resolución de problemas y la capacidad de adaptación. Estas habilidades son altamente valoradas por los empleadores y son fundamentales para tener éxito en cualquier entorno laboral.
- Retroalimentación inmediata y aprendizaje activo: al participar en actividades prácticas, los estudiantes reciben retroalimentación inmediata sobre su desempeño, lo que les permite identificar áreas de mejora y ajustar su enfoque de aprendizaje en consecuencia. Este enfoque de aprendizaje activo fomenta un mayor compromiso y motivación por parte de los estudiantes, ya que ven directamente cómo su trabajo práctico se traduce en resultados tangibles.

Posibilidad de obtener certificaciones y licencias

Muchos programas de educación técnica profesional están diseñados para preparar a los estudiantes para obtener certificaciones y licencias profesionales reconocidas en su campo. Estas credenciales adicionales pueden aumentar la empleabilidad y las oportunidades de avance profesional de los graduados:

- Reconocimiento de habilidades y competencias: las certificaciones y licencias profesionales son una prueba tangible del dominio de habilidades específicas y competencias relevantes en un campo particular. Al obtener estas credenciales, los estudiantes demuestran su capacidad para llevar a cabo tareas y responsabilidades específicas de manera competente y efectiva.

- Aumento de la empleabilidad: las certificaciones y licencias profesionales pueden mejorar la empleabilidad de los graduados al hacerlos más atractivos para los empleadores. Muchas empresas valoran estas credenciales como indicadores de la capacidad de un candidato para realizar el trabajo de manera profesional y eficiente, lo que puede aumentar las oportunidades de obtener empleo en un campo competitivo.
- Acceso a oportunidades de avance profesional: la posesión de certificaciones y licencias profesionales puede abrir puertas a oportunidades de avance profesional y desarrollo de carrera. Estas credenciales pueden ser un requisito previo para ciertos roles o niveles de responsabilidad dentro de una organización, y pueden ser un factor determinante en la promoción o el aumento de salario de un individuo.
- Cumplimiento de requisitos legales y de regulación: en algunos campos, la posesión de certificaciones y licencias profesionales es un requisito legal o de regulación para ejercer ciertas actividades. Por ejemplo, en el campo de la salud, la ingeniería o la construcción, ciertas tareas pueden requerir licencias específicas para garantizar la seguridad y el bienestar del público. Obtener estas credenciales es fundamental para cumplir con los requisitos legales y éticos de la profesión.
- Actualización y mantenimiento de habilidades: muchas certificaciones y licencias profesionales requieren que los individuos participen en actividades de educación continua para mantener su validez. Esto asegura que los profesionales estén al día con los avances en su campo y continúen desarrollando y mejorando sus habilidades a lo largo de sus carreras.

DESAFÍOS DE LA EDUCACIÓN TÉCNICO-PROFESIONAL

La educación técnica profesional presenta desafíos sustanciales para poder enfrentar la era digital de manera sólida y colaborativa, fortaleciendo su aporte a la sociedad, algunos de los principales desafíos son:

Falta de reconocimiento y estigma social

A pesar de las numerosas ventajas y beneficios que ofrece la educación técnica profesional, es común que esta enfrenta un estigma social arraigado en comparación con la educación universitaria tradicional. Este estigma puede manifestarse de diversas formas y puede tener un impacto significativo en los programas de educación técnica-profesional:

- Percepción de inferioridad: existe una percepción generalizada de que la educación técnica es inferior a la educación universitaria tradicional. Esta percepción se basa en una jerarquía social y académica que valora más los títulos universitarios y las profesiones tradicionales en detrimento de las habilidades técnicas y vocacionales. Como resultado, la educación técnica a menudo se percibe como una opción de último recurso para aquellos que no pueden acceder a la educación universitaria, en lugar de una elección legítima y valiosa en sí misma.
- Estigma asociado a trabajos manuales: existe un desprecio cultural hacia los trabajos considerados "manuales" o "no académicos", lo que incluye muchas de las profesiones asociadas con la educación técnica. Esta mentalidad denigra injustamente el trabajo técnico y vocacional, ignorando su importancia y contribución a la sociedad. Como resultado, muchos estudiantes pueden sentirse desalentados de perseguir una carrera en un campo técnico debido al temor al juicio social y a la falta de prestigio asociada.
- Desconocimiento sobre las oportunidades de carrera: muchas personas tienen una comprensión limitada de las numerosas oportunidades de carrera disponibles a través de la educación técnica profesional. La falta de información y conciencia sobre las posibilidades de empleo y progreso profesional en campos técnicos puede disuadir a los estudiantes talentosos de considerar esta opción educativa. Además, los consejeros escolares y los padres a menudo pueden carecer de conocimientos sobre las carreras técnicas y, por lo tanto, pueden no alentar a los estudiantes a seguir este camino.

Necesidad de actualización constante de los programas

La educación técnica profesional se enfrenta a la constante necesidad de actualizar sus programas para mantenerse al día con el rápido avance de la tecnología y los cambios en el mercado laboral. Esta necesidad surge de varios factores clave que impactan su relevancia y eficacia:

- Evolución tecnológica acelerada: en un mundo donde la tecnología avanza a un ritmo vertiginoso, los programas educativos deben adaptarse para reflejar los últimos desarrollos en su campo respectivo. Las tecnologías emergentes, como la inteligencia artificial, la robótica, la realidad virtual y aumentada, entre otras, están transformando rápidamente las industrias y creando nuevas demandas de habilidades y conocimientos. Para preparar a los estudiantes para el éxito en el mercado laboral, los programas de educación técnica deben incorporar estas tecnologías de vanguardia en su currículo y proporcionar oportunidades para que los estudiantes adquieran experiencia práctica con ellas.

- Cambios en las demandas de la industria: las necesidades y demandas de la industria están en constante evolución en respuesta a los cambios en el entorno empresarial y a las expectativas del cliente. Los programas de educación técnica deben mantenerse al día con estas demandas cambiantes, asegurando que los estudiantes adquieran las habilidades y competencias necesarias para tener éxito en el mercado laboral actual. Esto puede implicar la revisión y actualización de los planes de estudio para incluir temas relevantes y emergentes, así como la integración de prácticas y tecnologías industriales actuales en el proceso de aprendizaje.
- Globalización y competencia internacional: en un mundo cada vez más globalizado, los programas de educación técnica compiten no solo a nivel local, sino también a nivel internacional. Para mantener su relevancia y competitividad, estos programas deben estar al tanto de las mejores prácticas y estándares internacionales en su campo respectivo. Esto puede implicar la adopción de currículos basados en estándares globales reconocidos y la colaboración con instituciones educativas y empresas internacionales para garantizar que los graduados estén preparados para trabajar en un entorno globalizado.
- Inversión en desarrollo curricular y capacitación docente: mantener actualizados los programas de educación técnica requiere una inversión significativa en el desarrollo curricular y la capacitación del personal docente. Esto puede incluir la contratación de expertos en la industria para asesorar en el diseño del plan de estudios, la actualización de infraestructuras y equipos educativos, y la provisión de oportunidades de desarrollo profesional y capacitación para el personal docente. Esta inversión es esencial para garantizar que los programas educativos sigan siendo relevantes y efectivos en un entorno en constante cambio.

Dificultad para establecer vínculos con la industria

La colaboración con la industria es fundamental para asegurar que los programas de educación técnica profesional estén alineados con las necesidades y demandas del mercado laboral actual. Sin embargo, este proceso de establecer y mantener relaciones sólidas con la industria puede presentar varios desafíos significativos para las instituciones educativas, especialmente aquellas con recursos limitados:

- Diferencias de agenda y prioridades: las instituciones educativas y las empresas pueden tener agendas y prioridades divergentes, lo que puede dificultar la colaboración efectiva. Mientras que las instituciones educativas pueden centrarse en la enseñanza de habilidades técnicas y académicas, las empresas pueden priorizar la productividad, la rentabilidad y la innovación. Conciliar estas diferencias y encontrar puntos en común que beneficien a ambas partes puede requerir tiempo, esfuerzo y compromiso.

- Barreras logísticas y geográficas: la distancia geográfica y las barreras logísticas pueden dificultar la colaboración entre las instituciones educativas y las empresas, especialmente cuando se trata de establecer relaciones con empresas ubicadas en áreas remotas o regiones con acceso limitado a recursos. Esto puede afectar la organización de visitas industriales, pasantías, programas de aprendizaje en el lugar de trabajo y otros tipos de colaboración que requieran una interacción directa y regular entre ambas partes.
- Recursos limitados: las instituciones educativas, especialmente aquellas con recursos financieros y humanos limitados, pueden enfrentar dificultades para invertir en actividades de colaboración con la industria. La falta de fondos y personal dedicado puede obstaculizar la capacidad de las instituciones educativas para organizar eventos, programas de pasantías, proyectos de investigación conjuntos y otras iniciativas de colaboración que requieran recursos adicionales. Esto dificulta la construcción y el mantenimiento de las relaciones sólidas y mutuamente beneficiosas con la industria.
- Resistencia al cambio: en algunos casos, existe resistencia al cambio por parte de las instituciones educativas o de las empresas, lo que puede complicar la implementación de nuevas iniciativas de colaboración. Las culturas organizativas arraigadas en la tradición y la estabilidad pueden ser reacias a adoptar enfoques innovadores o a modificar las prácticas establecidas. Superar esta resistencia requiere un esfuerzo concertado para promover una mentalidad de colaboración y adaptación al cambio en ambas partes.
- Falta de comprensión mutua: la falta de comprensión mutua entre las instituciones educativas y las empresas puede dificultar la comunicación efectiva y la colaboración productiva. Las instituciones educativas pueden tener dificultades para comprender las necesidades y expectativas de la industria, mientras que las empresas pueden no estar al tanto de los recursos y capacidades disponibles en las instituciones educativas. Superar esta brecha de entendimiento requiere un diálogo abierto y transparente, así como un esfuerzo por parte de ambas partes para entender las perspectivas y prioridades del otro.

OPORTUNIDADES PARA LA EDUCACIÓN TÉCNICA PROFESIONAL

Así como la educación técnica profesional presenta desafíos, también presenta muchas oportunidades, algunas de ellas son:

Sectores con alta demanda de técnicos profesionales

Los graduados de educación técnica profesional se encuentran en una posición privilegiada para acceder a una amplia gama de oportunidades laborales en diversos sectores de la economía. Estos sectores, que abarcan desde la ingeniería hasta la salud y la tecnología, experimentan una demanda sostenida de trabajadores técnicos altamente capacitados debido a una serie de factores clave:

- Ingeniería: la ingeniería es un campo amplio que abarca disciplinas como la ingeniería mecánica, eléctrica, software, entre otras. Los técnicos profesionales en ingeniería juegan un papel fundamental en el diseño, desarrollo, mantenimiento y operación de sistemas y estructuras complejas. Con la creciente necesidad de infraestructura moderna, tecnologías avanzadas y soluciones innovadoras, el campo de la ingeniería continúa siendo un área de alta demanda para los técnicos profesionales.
- Salud: el sector de la salud depende en gran medida de técnicos profesionales para proporcionar apoyo en el mantenimiento de los equipos médicos, contribuyendo significativamente a la calidad y eficiencia de la atención médica.
- Tecnología de la información: en la era digital, la tecnología de la información es un sector en constante crecimiento que requiere habilidades técnicas especializadas para mantener y gestionar sistemas informáticos, redes, bases de datos y aplicaciones. Los técnicos en tecnología de la información desempeñan un papel crucial en la resolución de problemas técnicos, la implementación de soluciones de software y hardware, y la garantía de la seguridad y el rendimiento de los sistemas de información empresarial.
- Construcción: la construcción es otro sector que depende en gran medida de técnicos profesionales para llevar a cabo una variedad de tareas, como la electricidad. Los técnicos para la construcción trabajan en proyectos de edificación y obras civiles, contribuyendo al desarrollo y al mantenimiento de infraestructuras vitales, como edificios residenciales, comerciales e industriales, carreteras, puentes y sistemas de agua y saneamiento.
- Industria manufacturera: la industria manufacturera emplea a una gran cantidad de técnicos profesionales en roles relacionados con la producción, el montaje, el mantenimiento y la gestión de sistemas de fabricación. Los técnicos en manufactura desempeñan un papel clave en la optimización de procesos, la mejora de la eficiencia operativa y la garantía de la calidad del producto en una amplia gama de sectores, como el automotriz, el aeroespacial, el electrónico y el alimentario.
- Energía renovable: con el creciente enfoque en la sostenibilidad y la mitigación del cambio climático, la energía renovable se ha convertido en un sector en rápido crecimiento que ofrece numerosas oportunidades para los técnicos profesionales. Los técnicos en energía renovable participan en la instalación, el mantenimiento y la operación de los sistemas de energía solar, eólica, hidroeléctrica y geotérmica, por lo que contribuyen directamente a la transición hacia fuentes de energía más limpias y sostenibles.

Por otro lado, existe una mirada complementaria desde las distintas disciplinas, como por ejemplo:

- Automatización: es un campo en constante crecimiento, impulsado por avances tecnológicos en robótica, control de procesos y sistemas integrados. Los técnicos en automatización juegan un papel fundamental en el diseño, en la instalación, en el mantenimiento y en la optimización de sistemas automatizados en diversas industrias, como la manufacturera, la automotriz y la alimentaria. La demanda de técnicos con conocimientos en automatización es alta debido a la creciente necesidad de mejorar la eficiencia, la productividad y la calidad en los procesos industriales.
- Electrónica: este es otro sector clave que requiere la experiencia de técnicos profesionales en áreas como el diseño de circuitos, la reparación de equipos electrónicos y la instalación de sistemas de control. Los técnicos en electrónica trabajan en una variedad de industrias, incluyendo la automotriz, la aeroespacial, las telecomunicaciones y la energía. Su habilidad para diagnosticar y solucionar problemas en dispositivos electrónicos es esencial para mantener el funcionamiento óptimo de equipos y sistemas electrónicos complejos.
- Electricidad: es un campo fundamental en la mayoría de las industrias, desde la construcción hasta la manufactura y la energía. Los técnicos en electricidad son responsables de la instalación, el mantenimiento y la reparación de sistemas eléctricos, incluyendo cableado, tableros de control y equipos de distribución de energía. La creciente demanda de energía limpia y renovable también impulsa la necesidad de técnicos en electricidad especializados en sistemas de energía solar, eólica y otros recursos renovables.

Beneficios laborales para los graduados

Los técnicos profesionales disfrutan de salarios competitivos y una serie de beneficios laborales, lo que los convierte en una opción atractiva para muchas personas que buscan ingresar al mercado laboral o cambiar de carrera. Estos son algunos aspectos que destacan en términos de remuneración y beneficios:

- Salarios competitivos: los técnicos profesionales suelen recibir salarios competitivos en relación con sus habilidades y experiencia en el campo. Si bien los salarios pueden variar según la ubicación geográfica, la industria y el nivel de especialización, los técnicos con formación técnica suelen ganar sueldos que están en línea o incluso superan a los de muchos trabajos que requieren una educación universitaria más prolongada. Esto se debe a la alta demanda de habilidades técnicas especializadas en sectores como la ingeniería, la tecnología y la salud, donde los técnicos desempeñan un papel crucial en la operación y el mantenimiento de equipos y sistemas complejos.

- Beneficios laborales: además de los salarios competitivos, los técnicos profesionales a menudo reciben una variedad de beneficios laborales, que pueden incluir seguro médico, dental y de visión, planes de jubilación, vacaciones pagadas, días de enfermedad remunerados y oportunidades de desarrollo profesional. Estos beneficios ayudan a garantizar la seguridad y el bienestar de los técnicos y sus familias, así como a fomentar la lealtad y la retención en el lugar de trabajo.
- Oportunidades de avance profesional: para aquellos técnicos con experiencia y habilidades especializadas, existen numerosas oportunidades de avance profesional en sus respectivos campos. Esto puede incluir ascensos a puestos de supervisión o gestión, roles de liderazgo en proyectos especializados, o la posibilidad de abrir su propio negocio o consultoría. La formación continua y la actualización de habilidades también pueden conducir a mejores oportunidades laborales y salarios más altos a lo largo del tiempo.
- Estabilidad laboral: la demanda constante de habilidades técnicas especializadas en una variedad de sectores garantiza la estabilidad laboral para muchos técnicos profesionales. En la medida que la automatización, la tecnología y la innovación continúan transformando las industrias, la necesidad de técnicos para operar, mantener y reparar equipos y sistemas seguirá siendo relevante. Esta estabilidad laboral proporciona a los técnicos una base sólida para construir una carrera duradera y satisfactoria en su campo elegido.

Posibilidad de emprendimiento y creación de negocios propios

Los graduados de educación técnica profesional no solo tienen la capacidad de trabajar para otras empresas, sino que también cuentan con la opción de iniciar su propio negocio o emprender proyectos independientes en su área de especialización. Esta posibilidad ofrece una serie de ventajas y oportunidades para aquellos técnicos que desean ser sus propios jefes y tener un impacto directo en su comunidad y sector. Aquí profundizamos en estas oportunidades:

- Independencia y autonomía: iniciar un negocio propio brinda a los técnicos profesionales la libertad de tomar decisiones y establecer sus propias agendas. Esto les permite definir su propio camino profesional y trabajar en proyectos que les apasionen, sin depender de la dirección de otras empresas.
- Aplicación de habilidades técnicas: los técnicos emprendedores pueden aprovechar sus habilidades técnicas y conocimientos especializados para ofrecer servicios y soluciones innovadoras en su campo. Ya sea en la electrónica, la automatización, la electricidad u otra área técnica, su experiencia les permite identificar oportunidades de mercado y desarrollar productos o servicios que satisfagan las necesidades de los clientes.

- Contribución al crecimiento económico: los negocios creados por técnicos profesionales pueden contribuir significativamente al crecimiento económico y la creación de empleo en su comunidad. Al establecer empresas locales, estos emprendedores generan oportunidades de trabajo para otros profesionales y contribuyen al desarrollo económico a través de la prestación de servicios y la producción de bienes.
- Innovación y creatividad: la naturaleza práctica y orientada al trabajo de la educación técnica profesional fomenta la innovación y la creatividad en el ámbito empresarial. Los técnicos emprendedores están constantemente buscando formas de mejorar procesos, desarrollar productos nuevos o mejorar los existentes, y encontrar soluciones eficientes y efectivas a los problemas del mundo real.
- Flexibilidad y adaptabilidad: la formación técnica proporciona a los emprendedores una base sólida en habilidades prácticas y conocimientos técnicos, lo que les permite adaptarse rápidamente a los cambios en el mercado y las tecnologías emergentes. Esta flexibilidad les permite diversificar sus ofertas, pivotar según las demandas del mercado y mantenerse competitivos en un entorno empresarial en constante evolución.
- Desafíos y oportunidades: si bien el emprendimiento ofrece numerosas ventajas, también presenta desafíos únicos, como la gestión de recursos, la adquisición de clientes y la competencia en el mercado. Sin embargo, estos desafíos también ofrecen oportunidades para el crecimiento personal y profesional, así como para el aprendizaje continuo.

EL ROL DE LOS DOCENTES EN LA EDUCACIÓN TÉCNICO-PROFESIONAL

La docencia desempeña un papel fundamental en la educación técnica profesional en Chile y en cualquier parte del mundo. Los docentes de este ámbito educativo son los encargados de guiar y formar a los estudiantes en el desarrollo de habilidades prácticas y técnicas que les permitirán enfrentarse con éxito al mundo laboral.

Los docentes de educación técnica son facilitadores del aprendizaje práctico y experiencial. Ellos no solo transmiten conocimientos teóricos, sino que proporcionan a los estudiantes oportunidades concretas para aplicar esos conocimientos en situaciones reales. A través de proyectos prácticos, pasantías y prácticas profesionales, las y los docentes ayudan al estudiantado a desarrollar habilidades prácticas y destrezas técnicas que son esenciales para su éxito en el mundo laboral.

Además, los docentes de educación técnica desempeñan un papel importante en la orientación y el asesoramiento de los estudiantes en la elección de sus carreras y trayectorias profesionales. Con su experiencia y conocimientos en el campo técnico, pueden proporcionar información valiosa sobre las diferentes opciones de carrera disponibles, así como consejos sobre cómo prepararse para ingresar al mercado laboral.

Los docentes también son modelos para los estudiantes, ya que los inspiran a alcanzar sus metas y aspiraciones profesionales. Su dedicación, pasión y compromiso con la enseñanza son ejemplos que motivan a los estudiantes a esforzarse y a perseguir sus sueños. Por lo que, además, son agentes de cambio y desarrollo en la sociedad. A través de su labor educativa, contribuyen al crecimiento económico y al desarrollo social del país al preparar a una fuerza laboral altamente calificada y capacitada para enfrentar los desafíos del mercado laboral actual y futuro.

Formación y experiencia requerida para ser docente

Las y los docentes de educación técnica profesional no solo deben ser expertos en su campo profesional, sino que también deben tener una sólida formación académica y una amplia experiencia. Es esencial también que cuenten con una combinación equilibrada de conocimientos técnicos y habilidades pedagógicas para poder transmitir de manera efectiva los conceptos y prácticas técnicas a sus estudiantes.

Muchos docentes de este campo han acumulado una experiencia laboral significativa en la industria antes de ingresar al ámbito educativo. Esta experiencia práctica les proporciona una valiosa perspectiva y comprensión de las tendencias, desafíos y prácticas actuales en su sector. Al haber trabajado en entornos industriales reales, estos docentes comprenden las demandas del mundo laboral y pueden contextualizar los conceptos teóricos en situaciones prácticas, lo que enriquece enormemente el proceso de aprendizaje de los estudiantes.

La combinación de experiencia laboral y formación académica en los docentes de educación técnica profesional les permite además transmitir conocimientos teóricos, compartir experiencias prácticas y aplicaciones del mundo real con sus estudiantes. Esto no solo hace que el aprendizaje sea más significativo, sino que también prepara a los estudiantes para los desafíos y oportunidades que enfrentarán en sus futuras carreras profesionales.

Además, los docentes con experiencia en la industria transmiten la aplicación práctica de los conocimientos técnicos, lo que motiva e inspira a los estudiantes al aprender cómo se utilizan los conceptos en entornos laborales reales. Esta conexión entre la teoría y la práctica fortalece la comprensión de los estudiantes y los prepara para enfrentar los desafíos del mundo laboral con confianza y competencia.

Métodos de enseñanza y evaluación efectivos

Los docentes de educación técnica profesional despliegan una variedad de métodos de enseñanza y recursos de evaluación cuidadosamente diseñados para promover el aprendizaje práctico y la aplicación de habilidades en sus estudiantes. Estos métodos están especialmente adaptados para proporcionar una experiencia educativa dinámica y significativa, que prepare a los estudiantes para enfrentar los desafíos del mundo laboral. A continuación, se profundiza en estos métodos y su importancia:

- Demostraciones prácticas: los docentes utilizan demostraciones prácticas para ilustrar conceptos técnicos. Estas ejemplificaciones permiten a los estudiantes ver en acción los principios teóricos discutidos en clase, lo que facilita su comprensión y aplicación práctica. Además, las demostraciones prácticas fomentan la participación de los estudiantes y estimulan su curiosidad y creatividad.
- Proyectos de laboratorio: los proyectos de laboratorio son una metodología fundamental en la educación técnica, ya que permite aplicar los conocimientos teóricos en entornos controlados. A través de experimentos y actividades prácticas, los estudiantes desarrollan habilidades prácticas y aprenden a trabajar con equipos y herramientas específicas de su campo. Los proyectos de laboratorio también fomentan la colaboración entre los estudiantes y promueven el trabajo en equipo.
- Estudios de casos: esta metodología enseña a los estudiantes a enfrentar problemas y desafíos del mundo real. Al analizar casos prácticos de situaciones encontradas en la industria, las y los estudiantes aplican sus conocimientos teóricos para desarrollar soluciones prácticas. Los estudios de casos también les permiten desarrollar habilidades de resolución de problemas, toma de decisiones y pensamiento crítico, competencias clave en el entorno laboral.
- Pasantías: las pasantías proporcionan a los estudiantes la oportunidad de adquirir experiencia práctica en entornos laborales reales. Durante las pasantías, los estudiantes trabajan bajo la supervisión de profesionales de la industria, aplicando sus conocimientos y habilidades en situaciones reales. Esta experiencia práctica les permite familiarizarse con los procedimientos y prácticas de la industria, así como desarrollar redes profesionales y adquirir una comprensión más profunda de su campo.
- Evaluaciones basadas en proyectos: las evaluaciones basadas en proyectos son una forma efectiva de evaluar la comprensión y competencia de los estudiantes en la aplicación de conocimientos y habilidades técnicas en contextos prácticos. A través de la realización de proyectos prácticos, los estudiantes demuestran su capacidad para resolver problemas, trabajar de

manera independiente y aplicar los conceptos aprendidos en situaciones reales. Estas evaluaciones proporcionan una medida más precisa de la capacidad de los estudiantes para enfrentar desafíos del mundo real y pueden incluir la presentación de informes, demostraciones prácticas o exposiciones.

Apoyo y orientación durante la formación

Los docentes de educación técnica profesional asumen un papel esencial en el apoyo y la orientación de los estudiantes a lo largo de su formación. Este compromiso va más allá de la mera transmisión de conocimientos técnicos y se extiende a proporcionar un entorno de aprendizaje que fomente el crecimiento personal y profesional de los estudiantes. A continuación, se profundiza en las diversas formas en que los docentes brindan este apoyo:

- Asesoramiento académico y profesional: los docentes ofrecen asesoramiento tanto académico como profesional a los estudiantes. Esto implica ayudarles a elegir los cursos y programas más adecuados para sus metas educativas y profesionales, así como orientarlos en el desarrollo de habilidades y competencias que sean relevantes para su campo de estudio. Además, proporcionan información sobre las oportunidades de empleo y las tendencias del mercado laboral, esto ayuda a los estudiantes a tomar decisiones informadas sobre su futuro profesional.
- Desarrollo de habilidades blandas y técnicas: junto con el aprendizaje de habilidades técnicas, los docentes también se centran en el desarrollo de habilidades blandas, como la comunicación efectiva, el trabajo en equipo y el liderazgo. Estas habilidades son fundamentales para el éxito en el mundo laboral y complementan las habilidades técnicas adquiridas en el aula. Los docentes organizan actividades y proyectos que fomentan el desarrollo de estas habilidades, preparando a los estudiantes para enfrentar los desafíos del entorno laboral de manera efectiva.
- Colaboración con la industria: los docentes trabajan en estrecha colaboración con la industria para facilitar oportunidades de pasantías y empleo para los estudiantes. Establecen conexiones con empresas y empleadores potenciales y promueven la integración de los estudiantes en entornos laborales reales. Además, colaboran con la industria en el diseño de programas educativos que estén alineados con las demandas y requerimientos del mercado laboral, lo que garantiza que los estudiantes adquieran las habilidades y competencias necesarias para tener éxito en su carrera profesional.

- Orientación individualizada: los docentes proporcionan orientación individualizada a los estudiantes, ayudándoles a identificar sus fortalezas, debilidades y áreas de interés. A través de sesiones de tutoría y asesoramiento personalizado, los docentes brindan el apoyo necesario para que los estudiantes superen obstáculos académicos y profesionales, y alcancen sus metas educativas y profesionales. Esta orientación personalizada ayuda a los estudiantes a desarrollar confianza en sí mismos y a tomar decisiones informadas sobre su futuro.

CAPÍTULO 4
La Industria 4.0 y sus tecnologías

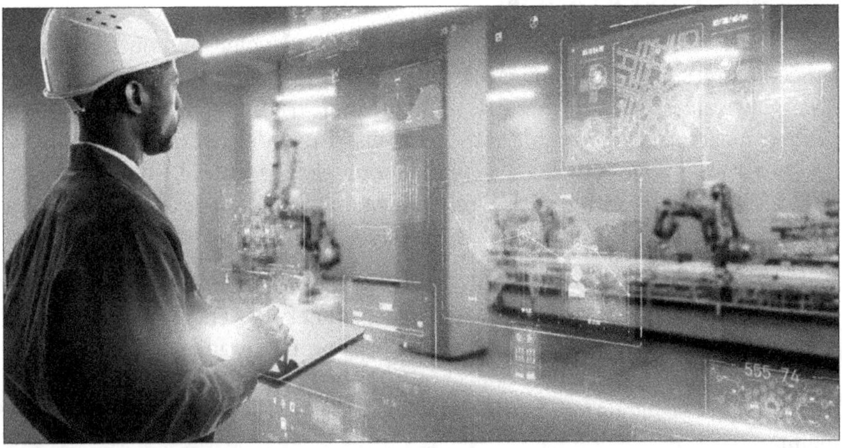

ILUSTRACIÓN 8: Representación de la Industria 4.0

Fuente: Phoenix Contact

En el panorama actual de la economía global, la industria se encuentra en constante evolución, impulsada por avances tecnológicos que transforman radicalmente los procesos de producción y manufactura. Uno de los conceptos clave en esta transformación es la Industria 4.0, una revolución que redefine la forma en que se concibe, opera y gestiona la producción industrial. A continuación, se muestra en profundidad la definición de la Industria 4.0 y su importancia en el contexto económico y social actual. La Industria 4.0 es también conocida como la "cuarta Revolución Industrial", ya que representa una convergencia de tecnologías digitales, físicas y biológicas que están transformando la forma en que se producen bienes y servicios. Este concepto surge como respuesta a la necesidad de adaptarse a un entorno empresarial cada vez más dinámico y competitivo, donde la digitalización y la conectividad son elementos clave para la innovación y la eficiencia.

En la Industria 4.0, los sistemas de producción se vuelven inteligentes y autónomos, capaces de tomar decisiones de manera autónoma y adaptarse a las condiciones cambiantes del entorno. Esto se logra mediante la integración de tecnologías como el Internet de las cosas, la inteligencia artificial, la robótica avanzada, el big data, la computación en la nube y fabricación aditiva, entre otras.

Uno de los pilares fundamentales de la Industria 4.0 es la digitalización de los procesos industriales, lo que implica la captura y el análisis de grandes volúmenes de datos en tiempo real para optimizar la eficiencia, la calidad y la flexibilidad de la producción. Además, la interconexión de máquinas, equipos y sistemas a través de redes de comunicación avanzadas permite la creación de sistemas ciberfísicos que coordinan y controlan los procesos de manera integrada.

ORIGEN Y EVOLUCIÓN

La Industria 4.0, también conocida como la "cuarta Revolución Industrial", es un concepto que surge en el contexto de la evolución de la industria y la tecnología. Tiene sus raíces en la primera Revolución Industrial, que se caracterizó por la mecanización de la producción mediante el uso de máquinas impulsadas por vapor en el siglo XVIII. La segunda Revolución Industrial, a fines del siglo XIX, introdujo la electricidad y la producción en masa, mientras que la tercera Revolución Industrial, en el siglo XX, vio la automatización y la informatización de los procesos industriales.

El término "Industria 4.0" fue acuñado por primera vez en Alemania en 2011, como parte de una estrategia de alto nivel para promover la digitalización de la industria manufacturera. Este concepto se basa en la idea de la interconexión de máquinas, sistemas y personas a través de la IoT, la IA y otras tecnologías digitales.

DEFINICIÓN Y CARACTERÍSTICAS

La Industria 4.0 se define como un enfoque holístico para la producción inteligente, que integra la digitalización, la automatización y la interconexión de todos los elementos de la cadena de valor industrial. Sus características principales incluyen:

- Interconexión digital: la capacidad de conectar máquinas, sistemas y dispositivos a través de redes de comunicación avanzadas, lo que permite la recopilación y el intercambio de datos en tiempo real.
- Automatización avanzada: el uso de tecnologías como la robótica, la inteligencia artificial y la fabricación aditiva para automatizar procesos industriales y mejorar la eficiencia y la calidad de la producción.
- Toma de decisiones autónoma: la capacidad de los sistemas ciberfísicos para tomar decisiones de manera autónoma, basadas en el análisis de datos en tiempo real y algoritmos de aprendizaje automático.
- Producción personalizada: la capacidad de producir bienes y servicios altamente personalizados y adaptados a las necesidades individuales de los clientes, utilizando tecnologías flexibles y ágiles.

IMPACTOS DE LA INDUSTRIA 4.0

La Industria 4.0 tiene una serie de impactos significativos en la economía, la sociedad y el medio ambiente:

- Económico: impulsa la productividad y la competitividad de las empresas al mejorar la eficiencia de los procesos, reducir los costos operativos y acelerar la innovación. Además, crea nuevas oportunidades de negocio y empleo en sectores relacionados con la tecnología y la digitalización.
- Social: transforma la forma en que trabajamos y vivimos, afectando las habilidades y competencias requeridas en el mercado laboral y promoviendo la colaboración y la cocreación en entornos de trabajo colaborativos.
- Medioambiental: contribuye a la sostenibilidad y la eficiencia energética al optimizar el uso de recursos, reducir los residuos y minimizar el impacto ambiental de los procesos industriales.

IMPORTANCIA DE LA INDUSTRIA 4.0

La Industria 4.0 representa un cambio de paradigma en la forma en que se concibe y se gestiona la producción industrial, con importantes implicaciones en términos económicos, sociales y medioambientales. A continuación, analizaremos la importancia de la Industria 4.0 en varios aspectos claves:

Eficiencia y productividad

Una de las principales ventajas de la Industria 4.0 es su capacidad para mejorar la eficiencia y la productividad en los procesos industriales. La digitalización y la automatización de tareas permiten reducir los tiempos de producción, minimizar los errores y optimizar el uso de recursos, lo que se traduce en una mayor capacidad de respuesta a la demanda del mercado y una reducción de los costos operativos.

Innovación y competitividad

La Industria 4.0 fomenta la innovación al facilitar el desarrollo y la implementación de nuevas tecnologías y modelos de negocio. Las empresas que adoptan soluciones digitales y se adaptan a los principios de la Industria 4.0 pueden ganar una ventaja competitiva significativa al ofrecer productos y servicios innovadores que satisfacen las necesidades cambiantes de los consumidores.

Personalización y flexibilidad

La capacidad de adaptarse rápidamente a las preferencias individuales de los clientes es otro aspecto clave de la Industria 4.0. Mediante el uso de tecnologías como la fabricación aditiva y la producción flexible, las empresas pueden ofrecer productos altamente personalizados y fabricar lotes de producción más pequeños de manera rentable, lo que les permite satisfacer las demandas del mercado de manera más efectiva.

Empleo y crecimiento económico

Si bien existe cierta preocupación sobre el impacto de la automatización en el empleo, la Industria 4.0 también crea nuevas oportunidades laborales en sectores relacionados con la tecnología y la innovación. Además, el crecimiento económico asociado con la adopción de soluciones digitales impulsa la creación de empleo en áreas como el desarrollo de software, la analítica de datos y la gestión de sistemas ciberfísicos.

Sostenibilidad y medio ambiente

La Industria 4.0 puede contribuir a la sostenibilidad medioambiental al optimizar el uso de recursos, reducir los residuos y mejorar la eficiencia energética en los procesos industriales. La monitorización en tiempo real de los consumos y las emisiones permite identificar oportunidades de mejora y tomar medidas proactivas para minimizar el impacto ambiental de la producción.

TECNOLOGÍAS CLAVE DE LA INDUSTRIA 4.0: IMPULSORES DE LA TRANSFORMACIÓN DIGITAL

Internet de las cosas (IoT)

El IoT representa una revolución en la manera en que interactuamos con el entorno, permitiendo una conectividad sin precedentes entre objetos cotidianos y sistemas de información. Este concepto se refiere a la interconexión de dispositivos, desde electrodomésticos hasta vehículos, que, a través de internet, recopilan, envían y reciben datos, facilitando la automatización y el análisis en tiempo real.

En el núcleo del IoT se encuentran los sensores y dispositivos que son los elementos fundamentales para la recopilación de datos del entorno. Estos sensores pueden medir variables como la temperatura, humedad, movimiento, y ubicación, entre otras. La información recolectada es transmitida a través de diversas formas de conectividad, tales como Wi-Fi, bluetooth, y redes celulares, hacia un sistema central donde los datos son procesados y analizados. La presentación de estos datos se realiza mediante interfaces de usuario accesibles a través de aplicaciones móviles, interfaces web, o dispositivos específicos, permitiendo así una toma de decisiones informada y en tiempo real.

Las aplicaciones del IoT abarcan múltiples sectores, ofrecen mejoras significativas en eficiencia, comodidad y seguridad. En el ámbito del hogar inteligente, los dispositivos, como termostatos y luces controlables vía aplicaciones móviles junto con sistemas de seguridad conectados están transformando la vida diaria, haciéndola más cómoda y segura. En el sector de la salud, los monitores de salud que envían datos en tiempo real a los médicos, así como los dispositivos de seguimiento de la actividad física, están revolucionando la atención médica, permitiendo un monitoreo continuo y personalizado de los pacientes. En el ámbito del transporte y la logística, los vehículos conectados y la optimización de rutas están mejorando significativamente la eficiencia y reduciendo los costos operativos.

No obstante, a pesar de los innegables beneficios, el IoT también presenta desafíos importantes. La seguridad y privacidad de los datos son una preocupación crítica, dado el gran número de dispositivos conectados y la cantidad de datos sensibles que manejan. La interoperabilidad entre dispositivos de diferentes fabricantes es otro reto, ya que la falta de estándares comunes puede complicar la integración. Además, la escalabilidad es una preocupación, ya que gestionar una cantidad masiva de dispositivos y los datos generados requiere una infraestructura robusta y avanzada.

A medida que avanzan tecnologías como el 5G, la inteligencia artificial, el aprendizaje automático y las capacidades del IoT seguirán expandiéndose, permitiendo aplicaciones aún más innovadoras y eficientes. Se prevé que el IoT será fundamental en el desarrollo de ciudades inteligentes, automatización avanzada y soluciones sostenibles para los desafíos globales, como el cambio climático y la escasez de recursos.

Finalmente, el Internet de las cosas es una tecnología transformadora que conecta el mundo físico con el digital, cambiando la manera en que vivimos y trabajamos mediante la inteligencia basada en datos. Con sus amplias aplicaciones y beneficios, el IoT no solo está mejorando la eficiencia y comodidad en diversos sectores, sino que también está preparando el terreno para un futuro más conectado e inteligente. La clave para aprovechar todo su potencial radica en abordar sus desafíos de seguridad, interoperabilidad y escalabilidad, garantizando así un desarrollo sostenible y seguro de esta tecnología revolucionaria.

Algunas de las características y componentes del IIoT son:

- Sensores y dispositivos conectados: los dispositivos en el IIoT están equipados con una variedad de sensores que recopilan datos sobre el estado, el rendimiento y el entorno de los equipos y sistemas industriales. Estos sensores miden parámetros físicos como temperatura, presión, vibración, humedad y nivel de producción.
- Conectividad de red: la conectividad es esencial en el IIoT para transmitir datos entre dispositivos, sistemas y plataformas de gestión. Las tecnologías de comunicación utilizadas incluyen Wi-Fi, bluetooth, RFID, Zigbee, LTE, 5G y ethernet, entre otras.

- Plataformas de gestión de datos: las plataformas de IIoT gestionan la recopilación, el almacenamiento, el procesamiento y el análisis de los datos generados por los dispositivos conectados. Estas plataformas pueden estar basadas en la nube o en infraestructuras locales, y utilizan técnicas de big data y análisis avanzado para extraer información significativa de los datos.
- Seguridad y protección de datos: dado que el IIoT implica la transmisión y el almacenamiento de grandes volúmenes de datos sensibles, la seguridad es una consideración crítica. Se implementan medidas de seguridad como cifrado de datos, autenticación de usuarios, cortafuegos y detección de intrusiones para proteger la integridad y la confidencialidad de los datos.

Por otra parte algunos de os principales beneficios del IIoT son:

- Optimización de la producción: el IIoT permite la monitorización en tiempo real de los equipos y procesos de producción, lo que facilita la detección temprana de fallos, la predicción de mantenimiento y la optimización del rendimiento.
- Mejora de la eficiencia: al proporcionar datos en tiempo real sobre el rendimiento de los activos y la eficiencia operativa, el IIoT ayuda a identificar áreas de mejora y a implementar medidas para reducir el desperdicio, el tiempo de inactividad y los costos operativos.
- Mayor seguridad: La capacidad de supervisar y controlar de forma remota los equipos y procesos industriales mejora la seguridad de los trabajadores al reducir la exposición a entornos peligrosos y minimizar el riesgo de accidentes.
- Personalización y flexibilidad: el IIoT permite la personalización de la producción y la adaptación rápida a las demandas cambiantes del mercado, lo que proporciona a las empresas una mayor flexibilidad y capacidad de respuesta.

Big data y análisis de datos

En la era digital actual, el término "big data" se ha convertido en un concepto central que está transformando industrias, gobiernos y la vida cotidiana. Big data se refiere a la acumulación masiva de datos estructurados y no estructurados que son demasiado voluminosos y complejos para ser gestionados y analizados mediante herramientas tradicionales. El análisis de estos datos, a través de técnicas avanzadas, permite obtener información valiosa y tomar decisiones basadas en evidencia, revolucionando la manera en que operamos y entendemos el mundo.

El fenómeno del big data surge de varias fuentes: redes sociales, transacciones comerciales, sensores IoT, dispositivos móviles, y más. Estas fuentes generan un volumen de datos que crece exponencialmente, alcanzando zettabytes anualmente. No solo es la cantidad de datos lo que caracteriza a big data, sino también la variedad y la velocidad con la que se producen y deben ser procesados. La variedad se refiere a los diferentes tipos de datos disponibles, desde texto y audio hasta imágenes y videos. La velocidad se refiere a la rapidez con que los datos se generan y necesitan ser analizados para proporcionar valor en tiempo real.

El análisis de datos se basa en tecnologías avanzadas como el aprendizaje automático, la inteligencia artificial y las técnicas de minería de datos. Estas tecnologías procesan grandes volúmenes de datos, sino también descubrir patrones, tendencias y correlaciones que no serían evidentes con un análisis manual. Por ejemplo, en el sector de la salud, el análisis de datos puede predecir brotes de enfermedades, personalizar tratamientos y mejorar los resultados de los pacientes. En el comercio, puede optimizar las cadenas de suministro, mejorar la experiencia del cliente y detectar fraudes de manera más eficiente.

Los beneficios de big data son amplios y significativos. En el ámbito empresarial, las compañías pueden utilizar el análisis de datos para mejorar la toma de decisiones estratégicas, aumentar la eficiencia operativa y desarrollar productos y servicios innovadores. Los gobiernos pueden utilizar big data para mejorar la prestación de servicios públicos, desde la planificación urbana hasta la seguridad ciudadana. En el ámbito científico, el análisis de datos está acelerando el ritmo de descubrimientos en campos como la genética, la física y la climatología.

No obstante, el manejo de big data también presenta desafíos importantes. Uno de los principales retos es la privacidad y la seguridad de los datos. Con la creciente cantidad de datos personales disponibles, proteger la información sensible y garantizar la privacidad de los usuarios es una preocupación crítica. Además, la gestión de grandes volúmenes de datos requiere una infraestructura tecnológica avanzada y costosa, lo que puede ser una barrera para algunas organizaciones. La calidad de los datos también es un desafío, ya que los datos inexactos o incompletos pueden llevar a conclusiones erróneas y decisiones perjudiciales.

Para abordar estos desafíos, es esencial implementar marcos regulatorios y éticos sólidos que protejan la privacidad de los individuos y garanticen el uso responsable de los datos. Las organizaciones deben invertir en tecnologías de ciberseguridad y formar a sus empleados en prácticas de manejo de datos seguros. Además, la colaboración entre el sector público y el privado puede ayudar a desarrollar infraestructuras y estándares comunes que faciliten el acceso y el uso eficiente de big data.

El big data y el análisis de datos están revolucionando nuestra capacidad para comprender y mejorar el mundo que nos rodea. Si bien presenta desafíos significativos, las oportunidades que ofrece para la innovación, la eficiencia y el conocimiento son inmensas. A medida que continuamos avanzando en esta era de la información, el enfoque en la ética, la seguridad y la colaboración será fundamental para maximizar los beneficios y minimizar los riesgos. En última instancia, el éxito en la era del big data dependerá de nuestra capacidad para equilibrar la explotación de datos masivos con la protección de la privacidad y la integridad de la información.

Las características del big data en la Industria 4.0 son:

- Volumen: los datos generados en entornos industriales pueden ser enormes, con millones de registros y mediciones tomadas cada segundo. Esto incluye datos de sensores, registros de producción, registros de calidad, datos de mantenimiento, entre otros.
- Velocidad: en la Industria 4.0, la velocidad de procesamiento es crítica. Los datos deben ser capturados, procesados y analizados en tiempo real para permitir la toma de decisiones instantáneas y la detección de problemas antes de que afecten la producción.
- Variedad: los datos en la Industria 4.0 provienen de una amplia variedad de fuentes y formatos, incluidos datos estructurados (por ejemplo, bases de datos), datos semiestructurados (como archivos XML) y datos no estructurados (como imágenes, videos o texto).
- Veracidad: la precisión y la confiabilidad de los datos son fundamentales para el análisis efectivo. La veracidad se refiere a la autenticidad y la integridad de los datos, así como a la confiabilidad de las fuentes de datos.

Además, la importancia del Análisis de Datos en la Industria 4.0 está dada por:

- Optimización de procesos: el análisis de datos permite identificar cuellos de botella, puntos de fallo y áreas de mejora en los procesos industriales. Al comprender los patrones y las tendencias en los datos de producción, las empresas pueden optimizar la eficiencia y la calidad de la producción.
- Mantenimiento predictivo: mediante el análisis de datos de sensores y equipos, las empresas pueden predecir fallos y realizar mantenimiento preventivo en lugar de reactivo. Esto reduce el tiempo de inactividad no planificado y los costos asociados con reparaciones de emergencia.
- Toma de decisiones informadas: con el análisis de datos en tiempo real, los gerentes y operadores pueden tomar decisiones informadas basadas en datos, lo que lleva a una toma de decisiones más ágil y estratégica en todos los niveles de la organización.
- Personalización del producto: al analizar los datos de los clientes y las tendencias del mercado, las empresas pueden personalizar los productos y servicios para satisfacer las necesidades específicas de los clientes, lo que mejora la satisfacción del cliente y la fidelidad a la marca.

Finalmente, los desafíos del big data en la Industria 4.0 son:

- Gestión de la privacidad y seguridad: con grandes volúmenes de datos almacenados y compartidos en redes, la protección de la privacidad y la seguridad de los datos es una preocupación importante. Las empresas deben implementar medidas sólidas de seguridad cibernética y cumplir con las regulaciones de privacidad de datos.
- Gestión de la complejidad: la gestión y el análisis de grandes volúmenes de datos pueden ser complejos y requieren habilidades técnicas avanzadas y herramientas especializadas. Las empresas deben invertir en capacitación y tecnología para aprovechar al máximo el potencial del big data.
- Integración de sistemas: la integración de sistemas de datos dispares y heterogéneos puede ser un desafío, especialmente en entornos industriales donde existen múltiples sistemas de producción, sensores y dispositivos conectados. La interoperabilidad y la estandarización son clave para una implementación exitosa del big data en la Industria 4.0.

Inteligencia artificial

La Industria 4.0 se caracteriza por la integración de tecnologías digitales avanzadas en los procesos de manufactura y producción. En el corazón de esta transformación se encuentra la inteligencia artificial, una tecnología que está redefiniendo cómo las industrias operan, innovan y compiten. La IA, con su capacidad para analizar grandes volúmenes de datos, aprender de patrones y tomar decisiones autónomas, está impulsando una nueva era de eficiencia, personalización y flexibilidad en la manufactura.

La Industria 4.0 se fundamenta en varios pilares tecnológicos, incluyendo el Internet de las cosas, la robótica avanzada, la realidad aumentada y la computación en la nube. Sin embargo, la IA se destaca como una de las fuerzas más disruptivas debido a su capacidad para mejorar y optimizar casi todos los aspectos de la cadena de valor industrial. Desde el diseño y la planificación hasta la producción y el mantenimiento, la IA está transformando cada fase del proceso industrial.

Optimización de la producción

Uno de los impactos más significativos de la IA en la Industria 4.0 es la optimización de la producción. Los algoritmos de aprendizaje automático pueden analizar datos de sensores en tiempo real para predecir fallos en las máquinas, lo que permite un mantenimiento predictivo y reduce significativamente los tiempos de inactividad. Además, la IA puede ajustar automáticamente los parámetros de producción para maximizar la eficiencia y la calidad, basándose en la retroalimentación continua de los sistemas de monitoreo.

Personalización masiva

La personalización masiva es otro beneficio clave de la IA en la manufactura moderna. Con la capacidad de analizar datos de mercado y preferencias de los clientes, las empresas pueden diseñar y producir productos altamente personalizados a gran escala. Los sistemas de IA pueden gestionar inventarios de manera eficiente, prever la demanda y adaptar las líneas de producción para responder rápidamente a las cambiantes necesidades del mercado. Esto no solo mejora la satisfacción del cliente, sino que también reduce los costos de inventario y desperdicio.

Mejora de la calidad y la eficiencia

La inteligencia artificial también está transformando el control de calidad en la industria. Las técnicas de visión por computadora permiten la inspección automática y precisa de productos en la línea de producción, detectando defectos que podrían pasar desapercibidos para el ojo humano. Además, los modelos de IA pueden analizar estos datos para identificar patrones y causas subyacentes de defectos, lo que permite mejoras continuas en los procesos de manufactura.

Desafíos y consideraciones éticas

A pesar de sus numerosos beneficios, la integración de la IA en la Industria 4.0 no está exenta de desafíos. Uno de los principales retos es la necesidad de una infraestructura tecnológica robusta y la capacitación adecuada del personal. La transición hacia sistemas impulsados por IA requiere inversiones significativas en tecnología y desarrollo de habilidades, lo que puede ser una barrera para algunas empresas, especialmente las pequeñas y medianas.

Además, la implementación de IA plantea importantes consideraciones éticas. La automatización impulsada por IA puede llevar a la pérdida de empleos en ciertos sectores, lo que genera preocupaciones sobre el desempleo y la desigualdad económica. Es crucial que las empresas y los gobiernos trabajen juntos para desarrollar estrategias de reentrenamiento y apoyo laboral que ayuden a los trabajadores a adaptarse a las nuevas demandas del mercado laboral.

El futuro de la IA en la Industria 4.0

El futuro de la IA en la Industria 4.0 promete avances aún más impresionantes. Con el desarrollo continuo de tecnologías como el 5G, la computación cuántica y el *blockchain*, la capacidad de la IA para procesar y analizar datos en tiempo real se verá significativamente mejorada. Esto abrirá nuevas oportunidades para la innovación y la eficiencia en la manufactura, desde la creación de gemelos digitales que simulan y optimizan procesos industriales hasta la implementación de fábricas completamente autónomas.

Aplicaciones de la inteligencia artificial en la Industria 4.0

- Automatización avanzada: la IA permite la automatización de procesos complejos que anteriormente requerían intervención humana. Los sistemas de IA pueden tomar decisiones en tiempo real basadas en datos recopilados de sensores y otros dispositivos, optimizando la producción y reduciendo los costos operativos.

- Mantenimiento predictivo: la IA se utiliza para predecir fallos en equipos y sistemas mediante el análisis de datos de sensores. Esto permite programar el mantenimiento preventivo en lugar de ser reactivo, reduciendo, con ello, el tiempo de inactividad y los costos asociados.
- Optimización de la cadena de suministro: los algoritmos de IA pueden analizar grandes volúmenes de datos de la cadena de suministro para identificar patrones y tendencias, lo que optimiza la planificación de la producción, la gestión de inventarios y la logística.
- Calidad y control de procesos: los sistemas de IA pueden monitorear y controlar la calidad del producto en tiempo real, identificando anomalías y desviaciones antes de que afecten la calidad final. Esto mejora la calidad del producto y reduce los costos de reprocesamiento.
- Personalización del producto: la IA permite la personalización masiva de productos al analizar los datos de los clientes y adaptar la producción según las preferencias individuales. Esto mejora la satisfacción del cliente y la lealtad a la marca.

Tecnologías de inteligencia artificial en la Industria 4.0

- Aprendizaje automático (*Machine Learning*): el aprendizaje automático es una rama de la IA que permite a las máquinas aprender de datos sin ser programadas explícitamente. Los algoritmos de aprendizaje automático se utilizan para realizar predicciones, identificar patrones y tomar decisiones basadas en datos.
- Redes neuronales artificiales: las redes neuronales son modelos computacionales inspirados en el funcionamiento del cerebro humano. Se utilizan en aplicaciones de reconocimiento de patrones, procesamiento de imágenes, procesamiento de lenguaje natural y más.
- Procesamiento de lenguaje natural (PLN): el PLN permite a las máquinas comprender, interpretar y generar lenguaje humano. Se utiliza en aplicaciones como chatbots, traducción automática, análisis de sentimientos y extracción de información.

Desafíos de la inteligencia artificial en la Industria 4.0

- Ética y responsabilidad: la IA plantea desafíos éticos en áreas como la privacidad, la discriminación algorítmica y la toma de decisiones autónoma. Es fundamental abordar estas preocupaciones para garantizar el uso ético y responsable de la tecnología.

- Interpretabilidad y transparencia: los modelos de IA pueden ser difíciles de entender y explicar, lo que dificulta la confianza en sus decisiones. Es importante desarrollar métodos para mejorar la interpretabilidad y la transparencia de los sistemas de IA.
- Escasez de datos de calidad: la efectividad de los modelos de IA depende en gran medida de la calidad y la cantidad de datos disponibles. La escasez de datos de calidad puede limitar la capacidad de los sistemas de IA para realizar predicciones precisas y tomar decisiones informadas.

Robótica avanzada

ILUSTRACIÓN 9: Representación de robótica en la industria
Fuente: Phoenix Contact

La Industria 4.0 está transformando radicalmente la manufactura y la producción a través de la integración de tecnologías digitales avanzadas. Entre estas tecnologías, la robótica industrial se destaca como un componente clave, revolucionando los procesos de fabricación con niveles sin precedentes de eficiencia, precisión y flexibilidad. La robótica industrial, combinada con otras innovaciones como el Internet de las Cosas, la inteligencia artificial y la computación en la nube, está redefiniendo el panorama industrial y posicionando a las empresas para competir en un mercado global cada vez más exigente.

Evolución de la robótica industrial
La robótica industrial no es un concepto nuevo; ha evolucionado desde los primeros robots utilizados en líneas de ensamblaje en la década de 1960. Sin embargo, la convergencia de la robótica con las tecnologías de la Industria 4.0 ha llevado su aplicación a nuevos niveles. Los robots modernos no solo realizan tareas repetitivas y peligrosas con alta precisión, sino que también son capaces de aprender y adaptarse a nuevas tareas mediante algoritmos de aprendizaje automático. Estos robots colaborativos, o cobots, trabajan junto a los humanos en un entorno de producción, mejorando la productividad y reduciendo los riesgos laborales.

Integración con el IoT y la IA
En el contexto de la Industria 4.0, la robótica industrial se potencia significativamente mediante su integración con el IoT y la IA. Los robots equipados con sensores IoT pueden recopilar y transmitir datos en tiempo real sobre su rendimiento y el entorno de trabajo. Esta capacidad de monitoreo continuo permite la implementación de estrategias de mantenimiento predictivo, en los que los problemas potenciales se identifican y se resuelven antes de que causen interrupciones en la producción. Además, la IA permite a los robots analizar grandes volúmenes de datos y optimizar sus operaciones, mejorando la eficiencia y reduciendo el desperdicio.

Aplicaciones de la robótica industrial
Las aplicaciones de la robótica industrial en la Industria 4.0 son diversas y abarcan múltiples sectores. En la manufactura automotriz, los robots ensamblan vehículos con precisión milimétrica, soldando, pintando y realizando tareas de ensamblaje con una consistencia inalcanzable para los humanos. En la industria electrónica, los robots manejan componentes delicados y ensamblan dispositivos complejos a una velocidad vertiginosa. En la logística, los robots autónomos navegan por almacenes, gestionan inventarios y optimizan el flujo de materiales.

Beneficios y desafíos
Los beneficios de la robótica industrial en la Industria 4.0 son numerosos: la automatización de tareas repetitivas y peligrosas no solo mejora la seguridad laboral, sino que también libera a los trabajadores para que se concentren en tareas de mayor valor añadido. La precisión y consistencia de los robots reducen los defectos y mejoran la calidad del producto. Además, la flexibilidad de los robots modernos permite a las empresas adaptarse rápidamente a cambios en la demanda del mercado, personalizando productos a gran escala.

Sin embargo, la implementación de la robótica industrial también presenta desafíos significativos. La alta inversión inicial en robots y la infraestructura necesaria para su funcionamiento puede ser una barrera para las pequeñas y medianas empresas. La integración de robots con sistemas existentes y la capacitación del personal para trabajar con estas nuevas tecnologías también son desafíos importantes. Además, la preocupación por la posible pérdida de empleos debido a la automatización es un tema crítico que debe abordarse mediante políticas de reentrenamiento y apoyo a los trabajadores.

Futuro de la robótica industrial

El futuro de la robótica industrial en la Industria 4.0 es prometedor, con avances tecnológicos que continúan ampliando sus capacidades y aplicaciones. La evolución de la inteligencia artificial, la robótica autónoma y la realidad aumentada promete robots aún más inteligentes y capaces de realizar tareas complejas de manera autónoma. Los desarrollos en conectividad 5G permitirán una comunicación más rápida y fiable entre robots y sistemas de control, mejorando la coordinación y eficiencia en la producción.

En conclusión, la robótica industrial es una pieza fundamental en el mosaico de la Industria 4.0, transformando la manufactura y la producción con su capacidad para realizar tareas con precisión, eficiencia y flexibilidad. A medida que la tecnología continúa avanzando, la integración de robots inteligentes con IoT y IA seguirá impulsando innovaciones y mejorando la competitividad de las empresas en un mercado global. No obstante, para aprovechar plenamente estos beneficios, es esencial abordar los desafíos relacionados con la inversión, la integración y el impacto laboral, garantizando un desarrollo sostenible y equitativo de la robótica industrial.

Algunas de las aplicaciones de la robótica avanzada en la Industria 4.0 son:

- Automatización de la fabricación: los robots industriales se utilizan para automatizar tareas repetitivas y peligrosas en la fabricación, como soldadura, ensamblaje, pintura y manipulación de materiales. Esto aumenta la eficiencia, mejora la calidad del producto y reduce el riesgo de lesiones laborales.
- Logística y almacenamiento: los robots autónomos se utilizan en almacenes y en centros de distribución para la gestión de inventarios, el *picking* y el embalaje de productos. Estos robots pueden navegar de forma autónoma por el almacén, recoger productos de los estantes y entregarlos a los trabajadores o estaciones de embalaje.
- Servicios de campo: los robots móviles se utilizan en aplicaciones de servicio de campo, como inspección de infraestructuras, mantenimiento de equipos y limpieza de áreas peligrosas. Estos robots pueden operar en entornos hostiles o de difícil acceso, realizando tareas que serían peligrosas o impracticables para los humanos.
- Cuidado de la salud: los robots colaborativos se utilizan en entornos de atención médica para asistir a los profesionales de la salud en tareas como cirugía, rehabilitación, cuidado de pacientes y dispensación de medicamentos. Estos robots pueden mejorar la precisión, la eficiencia y la seguridad en la prestación de servicios de salud.

Tecnologías y avances en robótica:

- Robots colaborativos (cobots): los cobots son robots diseñados para trabajar junto a los humanos de manera segura y eficiente. Estos robots pueden detectar la presencia humana y ajustar su velocidad o fuerza en función de la interacción con los trabajadores.
- Visión artificial: los sistemas de visión artificial permiten a los robots "ver" y reconocer objetos, personas y entornos. Con ello pueden realizar tareas de manipulación y ensamblaje con mayor precisión y fiabilidad.
- Inteligencia artificial y aprendizaje automático: la IA y el aprendizaje automático se utilizan en la programación y control de robots para mejorar su capacidad de adaptación y aprendizaje. Esto permite a los robots ajustar su comportamiento en función de las condiciones cambiantes del entorno.
- Sensores avanzados: los sensores avanzados, como los de fuerza, tacto y proximidad, permiten a los robots interactuar de manera más precisa y segura con su entorno. Estos sensores proporcionan retroalimentación en tiempo real que los robots pueden utilizar para ajustar su comportamiento.

Desafíos de la robótica en la Industria 4.0:

- Costo y retorno de la inversión: la adquisición e implementación de sistemas robóticos puede ser costosa, especialmente para pequeñas y medianas empresas. Es importante evaluar cuidadosamente el retorno de la inversión y los beneficios potenciales antes de invertir en tecnología robótica.
- Integración y programación: integrar robots en entornos industriales existentes puede ser un desafío debido a la complejidad de los sistemas y la necesidad de programación especializada. Se requiere mano de obra calificada y capacitada para programar, operar y mantener los sistemas robóticos de manera efectiva.
- Seguridad y colaboración: garantizar la seguridad de los trabajadores en entornos donde operan robots es fundamental. Se deben implementar medidas de seguridad, como barreras físicas, sensores de proximidad y sistemas de parada de emergencia, para evitar accidentes y lesiones.

Realidad virtual y aumentada

La realidad virtual (RV) y la realidad aumentada (RA) son tecnologías inmersivas que ofrecen nuevas formas de visualización, simulación y colaboración en entornos industriales. Con la RV, los usuarios pueden sumergirse en entornos virtuales tridimensionales y realizar simulaciones de procesos, formación y diseño de productos. Con la RA, los usuarios pueden superponer información digital en el mundo real, proporcionando asistencia visual en tiempo real durante las tareas de mantenimiento, montaje y reparación. Estas tecnologías mejoran la comprensión, la eficiencia y la seguridad en el lugar de trabajo, permitiendo a los empleados realizar tareas de manera más efectiva y reduciendo el tiempo de inactividad de la producción.

Realidad virtual

La realidad virtual es una tecnología que permite a los usuarios sumergirse en entornos digitales tridimensionales generados por computadora. Los usuarios utilizan dispositivos de visualización, como auriculares y guantes hápticos, para interactuar con estos entornos de manera inmersiva.

Las principales aplicaciones de la realidad virtual en la Industria 4.0 son:

- Diseño y simulación de productos: los ingenieros utilizan la RV para diseñar y simular productos en entornos virtuales antes de su fabricación física. Esto permite realizar pruebas y modificaciones de diseño de manera rápida y económica, reduciendo el tiempo de desarrollo y los costos asociados.
- Entrenamiento de trabajadores: la RV se utiliza para proporcionar capacitación inmersiva a los trabajadores en entornos virtuales que replican situaciones de la vida real. Esto permite a los trabajadores practicar tareas y procedimientos en un entorno seguro y controlado, sin riesgo de lesiones o daños a equipos.
- Visualización de datos: la RV se utiliza para visualizar grandes volúmenes de datos de manera intuitiva y comprensible. Los usuarios pueden explorar conjuntos de datos complejos en entornos virtuales tridimensionales, identificar patrones y tendencias, y tomar decisiones informadas.

Realidad aumentada

La realidad aumentada es una tecnología que superpone información digital, como imágenes, videos y texto, sobre el mundo físico en tiempo real. Los usuarios interactúan con esta información a través de dispositivos de visualización, como smartphones, tabletas y gafas inteligentes.

Las aplicaciones de la realidad aumentada en la Industria 4.0 son:

- Asistencia remota: los trabajadores pueden utilizar la RA para recibir asistencia remota de expertos mientras realizan tareas en el lugar de trabajo. Los expertos pueden superponer instrucciones, diagramas y videos sobre la vista en vivo de la tarea, proporcionando orientación en tiempo real.

- Mantenimiento y reparación: los técnicos pueden utilizar la RA para acceder a manuales de servicio, diagramas de cableado y videos de instrucciones mientras realizan tareas de mantenimiento y reparación en equipos industriales. Esto mejora la eficiencia y la precisión de las operaciones de mantenimiento.
- Inspección y control de calidad: los inspectores pueden utilizar la RA para superponer información sobre defectos, especificaciones de producto y procedimientos de inspección sobre los elementos físicos. Esto facilita la identificación de defectos y la toma de decisiones en tiempo real durante el proceso de inspección.

Desafíos y consideraciones de la realidad virtual y aumentada en la Industria 4.0

- Costo y complejidad: la implementación de sistemas de RV y RA puede ser costosa y requerir experiencia técnica especializada. Es importante evaluar cuidadosamente el retorno de la inversión y considerar los costos asociados con el desarrollo de contenido y la adquisición de hardware.
- Integración con sistemas existentes: integrar la RV y la RA con sistemas y procesos existentes puede ser un desafío debido a la falta de estándares y protocolos de interoperabilidad. Es fundamental asegurar la compatibilidad y la integración fluida con sistemas de gestión y control de la planta.
- Seguridad y privacidad: es importante garantizar la seguridad y la privacidad de los datos en entornos de RV y RA, especialmente cuando se utilizan en aplicaciones críticas o sensibles. Se deben implementar medidas de seguridad, como autenticación de usuarios y cifrado de datos, para proteger la información confidencial.

Cloud Computing

La Industria 4.0, o la cuarta Revolución Industrial, está marcando una nueva era en la manufactura y producción mediante la integración de tecnologías avanzadas como el Internet de las cosas, la inteligencia artificial y la robótica. En este ecosistema, el cloud computing se destaca como una tecnología fundamental que habilita y potencia muchas de las capacidades esenciales de la Industria 4.0. Al ofrecer almacenamiento, procesamiento y análisis de datos a gran escala, el cloud computing está transformando la forma en que las empresas operan, permitiéndoles ser más ágiles, eficientes y competitivas en un mercado global dinámico.

Definición y beneficios del *cloud computing*

El *cloud computing* se refiere al uso de servidores remotos en la nube para almacenar, gestionar y procesar datos, en lugar de hacerlo en servidores locales o computadoras personales. Esta tecnología ofrece numerosos beneficios que son particularmente relevantes en el contexto de la Industria 4.0. Uno de los principales es la escalabilidad, ya que permite a las empresas aumentar o disminuir sus recursos de TI según la demanda, sin la necesidad de realizar grandes inversiones en infraestructura. Además, el *cloud computing* ofrece flexibilidad y accesibilidad, permite a los empleados y sistemas acceder a datos y aplicaciones desde cualquier lugar y en cualquier momento.

Integración con IoT y análisis de datos

En la Industria 4.0, la integración del *cloud computing* con el IoT es crucial. Los dispositivos IoT generan una gran cantidad de datos en tiempo real, y el *cloud computing* proporciona la infraestructura necesaria para almacenar y procesar estos datos de manera eficiente. Al centralizar los datos en la nube, las empresas pueden aplicar análisis avanzados y algoritmos de IA para extraer *insights* valiosos, optimizar operaciones y predecir tendencias. Por ejemplo, en la manufactura, los datos de sensores en las líneas de producción pueden ser analizados en la nube para identificar cuellos de botella, mejorar la calidad del producto y prever fallos en las máquinas antes de que ocurran.

Mejora de la colaboración y la innovación

El *cloud computing* también facilita la colaboración y la innovación en la Industria 4.0. Al proporcionar una plataforma común donde los empleados, socios y clientes pueden compartir información y trabajar juntos en proyectos, la nube promueve una mayor colaboración y comunicación. Las herramientas de colaboración basadas en la nube permiten a los equipos de diferentes ubicaciones geográficas trabajar de manera conjunta y en tiempo real, acelerando el desarrollo de productos y la toma de decisiones. Además, la capacidad de integrar diferentes sistemas y aplicaciones en una única plataforma en la nube fomenta la innovación, permitiendo a las empresas experimentar con nuevas tecnologías y soluciones sin grandes riesgos.

Seguridad y consideraciones éticas

Aunque el *cloud computing* ofrece numerosos beneficios, también plantea desafíos importantes, especialmente en términos de seguridad y privacidad. La centralización de datos en la nube puede ser un objetivo atractivo para los ciberataques, y la protección de información sensible es una preocupación crítica. Las empresas deben implementar medidas robustas de ciberseguridad y cumplir con las normativas de protección de datos para garantizar la seguridad de la información almacenada en la nube. Además, es fundamental considerar las implicaciones éticas del uso de datos, asegurando que se respeten la privacidad y los derechos de los individuos.

El futuro del *cloud computing* en la Industria 4.0

El futuro es prometedor, con avances continuos en tecnología que amplían sus capacidades y aplicaciones. La adopción de la computación en el borde (*edge computing*), donde los datos se procesan cerca de su origen, en combinación con el *cloud computing*, permitirá una mayor eficiencia y menores latencias en el procesamiento de datos. Además, el desarrollo de tecnologías como el 5G y la inteligencia artificial potenciará aún más el impacto del *cloud computing*, facilitando la creación de fábricas inteligentes y altamente automatizadas.

El *cloud computing* es un habilitador clave de la Industria 4.0, proporcionando la infraestructura necesaria para el almacenamiento, procesamiento y análisis de grandes volúmenes de datos. Al integrarse con tecnologías avanzadas como el IoT y la IA, está transformando la manufactura y la producción, mejorando la eficiencia, la colaboración y la innovación. Sin embargo, para aprovechar plenamente estos beneficios, es esencial abordar los desafíos relacionados con la seguridad y la privacidad de los datos, asegurando un desarrollo sostenible y seguro de esta tecnología revolucionaria.

Manufactura aditiva (impresión 3D)

La manufactura aditiva, comúnmente referida como impresión 3D, se destaca como una innovación disruptiva que está transformando la manera en que se diseñan, producen y distribuyen los productos. La manufactura aditiva, en combinación con otras tecnologías de la Industria 4.0 como el Internet de las cosas, la inteligencia artificial y el *cloud computing*, está redefiniendo el paisaje industrial y ofreciendo nuevas oportunidades para la personalización, la eficiencia y la sostenibilidad.

Definición y beneficios de la manufactura aditiva

La manufactura aditiva se refiere a la creación de objetos tridimensionales mediante la adición de capas sucesivas de material, que pueden ser plástico, metal, cerámica, entre otros. A diferencia de los métodos tradicionales de manufactura, que suelen ser sustractivos (remover material de un bloque sólido), la manufactura aditiva permite una mayor libertad de diseño y un uso más eficiente de los materiales. Este proceso ofrece varios beneficios clave:

- Personalización masiva: la manufactura aditiva permite la producción de productos altamente personalizados a escala. Las empresas pueden diseñar y fabricar piezas únicas adaptadas a las necesidades específicas de los clientes sin incurrir en costos prohibitivos.
- Reducción de desperdicios: al añadir material únicamente donde se necesita, la manufactura aditiva minimiza el desperdicio de materiales, lo cual es tanto económicamente beneficioso como ambientalmente sostenible.
- Prototipado rápido: la capacidad de producir prototipos rápidamente permite a las empresas acelerar el ciclo de desarrollo de productos, realizando iteraciones rápidas y pruebas antes de pasar a la producción en masa.

- Flexibilidad en el diseño: la manufactura aditiva permite la creación de geometrías complejas y estructuras que serían imposibles o extremadamente costosas de producir con métodos tradicionales.

Integración con la Industria 4.0

En el contexto de la Industria 4.0, la manufactura aditiva se potencia aún más mediante su integración con tecnologías avanzadas. Por ejemplo, los sensores IoT pueden monitorear en tiempo real el proceso de impresión 3D, garantizando la calidad y permitiendo ajustes sobre la marcha. La inteligencia artificial puede analizar los datos generados durante la impresión para optimizar parámetros y predecir posibles fallos, lo que mejora la eficiencia y reduciendo el tiempo de inactividad.

El *cloud computing* también juega un papel crucial al permitir el almacenamiento y procesamiento de grandes volúmenes de datos generados durante la producción aditiva. Las plataformas en la nube facilitan la colaboración y el intercambio de diseños y datos entre equipos dispersos geográficamente, acelerando el desarrollo y la implementación de nuevos productos. Además, las tecnologías de simulación y gemelos digitales, habilitadas por el *cloud computing*, permiten la creación de modelos virtuales precisos de productos y procesos, mejorando la planificación y reduciendo los riesgos asociados con la producción.

Aplicaciones y casos de uso

La manufactura aditiva está encontrando aplicaciones en una amplia variedad de sectores. En la industria aeroespacial, se utiliza para producir componentes ligeros y resistentes que pueden soportar condiciones extremas. En la medicina, permite la creación de implantes personalizados y prótesis, así como modelos anatómicos para la planificación quirúrgica. En la automoción, facilita la producción de piezas complejas y personalizadas, mejorando la eficiencia del diseño y la fabricación de vehículos.

Desafíos y consideraciones

A pesar de sus numerosos beneficios, la adopción de la manufactura aditiva en la Industria 4.0 también enfrenta varios desafíos. Uno de los principales obstáculos es la velocidad de producción, que todavía es lenta en comparación con los métodos tradicionales para la producción en masa. Además, la calidad y consistencia de las piezas producidas mediante este tipo de manufactura pueden variar, lo que requiere controles de calidad rigurosos y estándares industriales específicos.

La capacitación y el desarrollo de habilidades también son cruciales, ya que los trabajadores necesitan familiarizarse con las nuevas tecnologías y procesos asociados con la manufactura aditiva. Además, las empresas deben abordar las consideraciones de propiedad intelectual y la seguridad de los datos en un entorno digitalizado, donde los diseños y especificaciones pueden ser susceptibles a robos o manipulaciones.

Futuro de la manufactura aditiva

El futuro de la manufactura aditiva en la Industria 4.0 es prometedor, con avances continuos que mejorarán su velocidad, precisión y capacidad de producción. La integración más profunda con tecnologías como la inteligencia artificial y el *machine learning* permitirá una mayor automatización y optimización de los procesos de impresión 3D. Además, la evolución de materiales avanzados y técnicas híbridas, que combinan manufactura aditiva y sustractiva, ampliará aún más las aplicaciones y capacidades de esta tecnología.

Elementos de simulación

La Industria 4.0 representa una transformación profunda en la manera en que las industrias manufacturan y gestionan sus procesos, integrando tecnologías avanzadas para crear fábricas inteligentes y altamente eficientes. Entre las múltiples tecnologías que están impulsando esta revolución, los elementos de simulación juegan un papel crucial. La simulación permite a las empresas modelar, analizar y optimizar procesos complejos antes de implementarlos en el mundo real, reduciendo costos, minimizando riesgos y mejorando la calidad de los productos. En este contexto, la simulación se ha convertido en una herramienta esencial para la planificación y la operación de la manufactura moderna.

Definición y tipos de simulación

La simulación en el contexto industrial se refiere a la creación de modelos digitales de sistemas físicos o procesos para predecir su comportamiento bajo diferentes condiciones. Estos modelos permiten a los ingenieros y gerentes probar escenarios hipotéticos y evaluar el impacto de diferentes variables sin necesidad de interrumpir las operaciones reales. Existen varios tipos de simulación utilizados en la Industria 4.0:

- Simulación discreta: se utiliza para modelar sistemas en los que los eventos ocurran en puntos específicos en el tiempo. Es común en la gestión de la cadena de suministro y la planificación de la producción.
- Simulación continua: utiliza ecuaciones matemáticas para modelar sistemas dinámicos y continuos. Es utilizada en procesos que dependen del tiempo, como la simulación de flujo de fluidos.
- Simulación de eventos: se centra en la simulación de eventos específicos y su impacto en el sistema general, es útil para la planificación de mantenimiento y la gestión de incidentes.
- Gemelos digitales: representan una réplica digital de un sistema físico, lo que permite la monitorización y optimización en tiempo real. Los gemelos digitales integran datos en tiempo real y algoritmos avanzados para proporcionar *insights* detallados y precisos sobre el rendimiento del sistema.

Beneficios de la simulación en la Industria 4.0

La incorporación de elementos de simulación en la Industria 4.0 ofrece múltiples beneficios, entre los cuales destacan:

- Optimización de procesos: la simulación permite identificar cuellos de botella y optimizar la secuencia de operaciones, mejorando la eficiencia y reduciendo los tiempos de ciclo. Esto resulta en una mayor productividad y menores costos operativos.
- Reducción de riesgos: al simular escenarios hipotéticos, las empresas prevén problemas potenciales y desarrollar estrategias de mitigación antes de implementar cambios en el entorno real, minimizando riesgos y evitando costosos errores.
- Innovación y desarrollo: la simulación facilita el desarrollo de nuevos productos y procesos al permitir una experimentación segura y económica. Las empresas pueden probar nuevas ideas y conceptos de manera rápida y eficiente.
- Mejora de la calidad: la simulación ayuda a identificar y corregir problemas de calidad en las primeras etapas del diseño y la producción, garantizando productos de alta calidad y reduciendo el desperdicio.
- Mantenimiento predictivo: Los modelos de simulación pueden predecir cuándo es probable que ocurran fallos en el equipo, permitiendo un mantenimiento proactivo lo que reduce los tiempos de inactividad no planificados.

Integración con otras tecnologías de la Industria 4.0

La simulación se potencia aún más cuando se integra con otras tecnologías avanzadas de la Industria 4.0. Por ejemplo:

- Internet de las cosas (IoT): los datos en tiempo real de sensores IoT pueden alimentar modelos de simulación, proporcionando una visión precisa y actualizada del estado de los sistemas y permitiendo ajustes dinámicos.
- Inteligencia artificial (IA): los algoritmos de IA pueden analizar los datos de simulación para identificar patrones ocultos y optimizar los procesos de manera autónoma, mejorando la toma de decisiones y la eficiencia operativa.
- *Cloud computing*: el almacenamiento y procesamiento en la nube facilitan el acceso a grandes volúmenes de datos y recursos computacionales necesarios para ejecutar simulaciones complejas, permitiendo una colaboración y escalabilidad sin precedentes.

Futuro de la simulación en la Industria 4.0

El futuro de la simulación en la Industria 4.0 también es extremadamente prometedor, con avances tecnológicos que continúan ampliando sus capacidades y aplicaciones. La evolución de la computación cuántica, por ejemplo, tiene el potencial de revolucionar la simulación al permitir el procesamiento de cálculos extremadamente complejos a velocidades sin precedentes. Además, la creciente adopción de gemelos digitales está llevando la simulación a un nuevo nivel, permitiendo una monitorización y optimización continua en tiempo real.

Integración de sistemas

La Industria 4.0 representa una revolución en el sector manufacturero, caracterizada por la fusión de tecnologías digitales y físicas para crear fábricas inteligentes y altamente conectadas. En este contexto, la integración de sistemas se ha convertido en una piedra angular, ya que permite la comunicación y colaboración fluida entre diversas tecnologías y procesos. La capacidad de integrar sistemas dispares es crucial para alcanzar los niveles de eficiencia, flexibilidad y personalización que demanda la Industria 4.0. Esta publicación explora los aspectos fundamentales de la integración de sistemas en la Industria 4.0, sus beneficios, desafíos y su impacto en la manufactura moderna.

Definición y objetivos de la integración de sistemas

La integración de sistemas en la Industria 4.0 se refiere a la unificación de diferentes sistemas de tecnología de la información (TI) y tecnología operativa (TO) para que funcionen de manera cohesiva. Esto incluye la interconexión de maquinaria, software, sensores, dispositivos IoT, sistemas de control y plataformas de gestión. El objetivo principal de la integración es crear un entorno donde la información fluya libremente entre todos los componentes, permitiendo una toma de decisiones informada, optimización de procesos y respuesta ágil a las demandas del mercado.

Beneficios de la integración de sistemas

- Eficiencia operativa: la integración de sistemas elimina silos de información, permite que los datos se compartan y utilicen de manera eficiente en toda la organización. Esto mejora la coordinación y reduce redundancias, resultando en procesos más fluidos y en menos desperdicio.
- Toma de decisiones basada en datos: al integrar sistemas, las empresas pueden recopilar y analizar datos en tiempo real desde múltiples fuentes. Esto facilita la toma de decisiones basada en datos, permitiendo respuestas rápidas a problemas y oportunidades.
- Flexibilidad y adaptabilidad: la integración permite a las empresas adaptarse rápidamente a cambios en la demanda del mercado o condiciones operativas. Sistemas flexibles y conectados se ajustan rápidamente para

producir nuevos productos o modificar procesos sin interrupciones significativas.

- Innovación y desarrollo de productos: la integración de sistemas facilita la colaboración entre diferentes departamentos y socios externos. Esto fomenta la innovación, ya que los equipos pueden trabajar juntos más efectivamente para desarrollar y lanzar nuevos productos al mercado.
- Mantenimiento predictivo: al integrar sensores IoT y sistemas de análisis de datos, las empresas pueden implementar programas de mantenimiento predictivo. Esto permite identificar y solucionar problemas antes de que resulten en fallos, reduciendo el tiempo de inactividad y los costos de mantenimiento.

Tecnologías clave en la integración de sistemas

- Internet de las cosas: los dispositivos IoT recopilan y transmiten datos en tiempo real, lo que facilita la integración y el monitoreo de diferentes sistemas y procesos dentro de una planta de producción.
- Plataformas de gestión de datos: estas plataformas centralizan y analizan datos de múltiples fuentes, permitiendo una visión integral y la toma de decisiones informada.
- Inteligencia artificial y *machine learning:* los algoritmos de IA y ML pueden analizar grandes volúmenes de datos integrados para identificar patrones, optimizar procesos y predecir fallos.
- *Cloud computing*: el almacenamiento y procesamiento en la nube permiten la integración de sistemas a gran escala, facilitando el acceso y análisis de datos desde cualquier lugar.

Impacto de la Integración de Sistemas en la Industria 4.0

La integración de sistemas está transformando la industria manufacturera de diversas maneras:

- Producción personalizada: las empresas pueden ofrecer productos altamente personalizados gracias a la flexibilidad y eficiencia de los sistemas integrados.
- Mejora continua: la integración facilita la monitorización y análisis continuo de los procesos, permitiendo una mejora constante y adaptaciones rápidas.
- Sostenibilidad: los sistemas integrados permiten una gestión más eficiente de los recursos y la reducción de desperdicios, contribuyendo a la sostenibilidad ambiental.

Beneficios de la implementación de la Industria 4.0

La Industria 4.0 representa una revolución en la forma en que se diseñan, operan y optimizan los procesos industriales, ofreciendo una serie de herramientas y tecnologías que impulsan la eficiencia y la productividad a niveles sin precedentes. Este beneficio es fundamental para las empresas que buscan mantenerse competitivas en un entorno empresarial cada vez más exigente y dinámico.

Automatización inteligente

Una de las piedras angulares de la Industria 4.0 es la automatización inteligente, que va más allá de simplemente reemplazar la mano de obra humana con robots. Se trata de la integración de sistemas ciberfísicos, Internet de las cosas y análisis de datos avanzados para crear entornos de producción altamente eficientes y autónomos. Los sistemas ciberfísicos permiten la comunicación y coordinación entre máquinas, equipos y sistemas de producción, optimizando el flujo de trabajo y minimizando los tiempos de inactividad.

Optimización basada en datos:

La adopción de la Industria 4.0 implica una transformación digital completa de los procesos industriales, lo que permite la recopilación y análisis de datos en tiempo real para identificar áreas de mejora y optimización. Las tecnologías de análisis de datos avanzados, como el big data y el aprendizaje automático, permiten a las empresas extraer información valiosa de grandes conjuntos de datos generados por sensores y dispositivos conectados. Esta información se utiliza para optimizar los procesos de producción, predecir y prevenir fallas de equipos, además de tomar decisiones más informadas y estratégicas.

Flexibilidad y adaptabilidad:

La Industria 4.0 también se caracteriza por su capacidad para mejorar la flexibilidad y adaptabilidad de los procesos industriales. Los sistemas de producción son más ágiles y capaces de adaptarse rápidamente a cambios en la demanda del mercado, variaciones en las especificaciones del producto y condiciones del entorno. La fabricación modular y la producción en lotes pequeños permiten a las empresas producir una amplia variedad de productos de manera eficiente y rentable, sin comprometer la calidad ni la eficiencia.

Eficiencia energética y sostenibilidad:

Otro aspecto importante de la Industria 4.0 es su enfoque en la eficiencia energética y la sostenibilidad. Las tecnologías inteligentes permiten optimizar el uso de recursos, minimizar el desperdicio y reducir el impacto ambiental de las operaciones industriales. La monitorización en tiempo real de los consumos energéticos y la implementación de sistemas de gestión energética permiten identificar y corregir áreas de desperdicio y mejorar la eficiencia global de la planta.

Mejora de la eficiencia y productividad

La Industria 4.0 –con su enfoque en la digitalización, la automatización y la interconexión de sistemas– ofrece numerosas oportunidades para mejorar la eficiencia y aumentar la productividad en los procesos industriales. Algunas de ellas son:

- Automatización de procesos: la automatización de tareas repetitivas y manuales mediante el uso de tecnologías como robots industriales, sistemas de visión artificial y sistemas de control avanzados reduce la necesidad de intervención humana, lo que no solo aumenta la velocidad de producción, sino que también minimiza los errores y optimiza el uso de recursos.
- Optimización de la cadena de valor: la integración de sistemas de producción, logística y gestión de la cadena de suministro permite una mayor sincronización y coordinación entre las diferentes etapas del proceso, desde la adquisición de materias primas hasta la entrega del producto final. Esto ayuda a reducir los tiempos de espera y los cuellos de botella, mejorando así la eficiencia general de la cadena de valor.
- Análisis de datos en tiempo real: la recopilación y análisis de datos en tiempo real provenientes de sensores, dispositivos IoT y sistemas de monitoreo permiten a las empresas identificar oportunidades de mejora, detectar problemas potenciales antes de que se conviertan en fallos mayores y tomar decisiones basadas en datos para optimizar los procesos de producción.
- Flexibilidad y adaptabilidad: la implementación de sistemas ciberfísicos y la conectividad de los equipos de producción facilitan la reconfiguración rápida y eficiente de las líneas de producción para adaptarse a los cambios en la demanda del mercado o introducir nuevos productos. Esto mejora la capacidad de respuesta de la empresa y su capacidad para aprovechar oportunidades emergentes.

Reducción de costos operativos

La adopción de tecnologías asociadas con la Industria 4.0 conlleva una serie de beneficios financieros para las empresas, especialmente en términos de reducción de costos operativos. Algunas de las formas en que la Industria 4.0 puede contribuir a la reducción de costos son:

- Optimización de procesos: la automatización de procesos y la implementación de sistemas ciberfísicos permiten una ejecución más eficiente de las operaciones, minimizando los tiempos de inactividad, reduciendo los desperdicios y optimizando el uso de recursos como energía, materias primas y mano de obra.

- Mantenimiento predictivo: la adopción de sistemas de mantenimiento predictivo, basados en el monitoreo continuo de equipos a través de sensores y análisis de datos, permite identificar y abordar proactivamente problemas de funcionamiento antes de que se conviertan en fallos costosos. Esto no solo reduce los gastos asociados con reparaciones de emergencia y tiempos de inactividad no planificados, sino que también prolonga la vida útil de los activos.
- Logística y gestión de inventario: la implementación de tecnologías como el seguimiento de activos en tiempo real, la gestión de almacenes automatizada y la optimización de rutas de entrega mediante sistemas de logística inteligente ayuda a minimizar los costos asociados con el almacenamiento, transporte y manipulación de productos, así como a mejorar la eficiencia de la cadena de suministro en su conjunto.
- Personalización y eficiencia energética: la capacidad de personalizar productos en masa gracias a la flexibilidad y adaptabilidad de los sistemas de producción de la Industria 4.0 permite a las empresas reducir los costos asociados con el inventario y la sobreproducción, al tiempo que maximiza la utilización de recursos. Además, la implementación de tecnologías de eficiencia energética ayuda a reducir los costos operativos a largo plazo al minimizar el consumo de energía y los costos asociados.

Personalización y adaptabilidad de productos

Uno de los aspectos más emocionantes de la Industria 4.0 es su capacidad para ofrecer productos y servicios altamente personalizados y adaptados a las necesidades específicas de los clientes. Esto se logra a través de varias tecnologías y enfoques que permiten una mayor flexibilidad en la producción y una mayor interacción con los consumidores. Algunos puntos para considerar son:

- Fabricación personalizada: con la Industria 4.0, las empresas pueden implementar sistemas de fabricación altamente flexibles y adaptables, como la fabricación aditiva (impresión 3D) y la producción en masa personalizada. Estas tecnologías permiten la creación de productos únicos y personalizados que satisfacen del cliente y generan una diferenciación competitiva en el mercado.
- Producción bajo demanda: gracias a la conectividad y la integración de sistemas en la Industria 4.0, las empresas pueden implementar modelos de producción bajo demanda, donde los productos se fabrican solo cuando se realiza un pedido. Esto reduce la necesidad de mantener grandes inventarios y minimiza el riesgo de obsolescencia, lo que a su vez reduce los costos asociados con el almacenamiento y la gestión de los inventarios.
- Cocreación con el cliente: las tecnologías digitales, como las plataformas de diseño colaborativo y las herramientas de configuración de productos en línea permiten a las empresas involucrar a los clientes en el proceso

de diseño y personalización de productos. Esto no solo aumenta el compromiso del cliente, sino que también garantiza que los productos finales cumplan con las expectativas y necesidades específicas de los consumidores.

- Analítica predictiva y feedback en tiempo real: la recopilación y análisis de datos en tiempo real sobre el uso y el rendimiento de los productos permiten a las empresas obtener información valiosa sobre las preferencias y comportamientos de los clientes. Esto les permite ajustar rápidamente sus estrategias de producción y personalización para satisfacer las demandas cambiantes del mercado y mantenerse a la vanguardia de la competencia.

DESAFÍOS Y RIESGOS DE LA INDUSTRIA 4.0

Ciberseguridad

La conectividad de dispositivos y sistemas en la Industria 4.0 presenta nuevos desafíos en términos de ciberseguridad. Al estar interconectados, los sistemas industriales se vuelven más vulnerables a ataques cibernéticos que pueden comprometer la integridad, confidencialidad y disponibilidad de los datos, así como la operación segura de las infraestructuras críticas. Algunos riesgos asociados incluyen:

- Vulnerabilidades de red: la expansión de la conectividad en la Industria 4.0 aumenta el número de puntos de entrada potenciales para los atacantes, lo que puede resultar en brechas de seguridad en la red y exposición a ataques como el malware, el phishing y la denegación de servicio distribuido (DDoS).
- Dispositivos IoT no seguros: la proliferación de dispositivos IoT en entornos industriales puede introducir vulnerabilidades de seguridad si estos dispositivos no están adecuadamente protegidos. Los dispositivos IoT suelen tener sistemas operativos limitados y pueden carecer de medidas de seguridad adecuadas, lo que los convierte en objetivos atractivos para los atacantes.
- Amenazas internas y externas: los ataques cibernéticos pueden provenir tanto de actores externos como internos, incluidos hackers, competidores malintencionados, empleados descontentos o descuidados, y contratistas externos con acceso a los sistemas.

Para mitigar estos riesgos, las empresas deben implementar medidas de seguridad robustas, que incluyen:

- Firewalls y sistemas de detección de intrusos (IDS) para proteger la red contra intrusiones no autorizadas y filtrar el tráfico malicioso.

- Cifrado de datos para proteger la confidencialidad de la información sensible durante el almacenamiento y la transmisión.
- Actualizaciones regulares de seguridad para parchar vulnerabilidades conocidas y mantener los sistemas actualizados con las últimas correcciones de seguridad.
- Capacitación y concientización del personal para educar a los empleados sobre las prácticas de seguridad cibernética y fomentar una cultura de seguridad en toda la organización.

Desempleo y reemplazo de los trabajadores

La automatización y la adopción de tecnologías de la Industria 4.0 plantean preocupaciones sobre el impacto en el empleo, ya que pueden resultar en la pérdida de trabajos tradicionales y la necesidad de reentrenamiento para roles más especializados y tecnológicos. Algunos desafíos asociados incluyen:

- Desplazamiento laboral: la automatización de tareas rutinarias y repetitivas puede resultar en la eliminación de ciertos puestos de trabajo, especialmente aquellos que involucran tareas físicas o cognitivas simples y predecibles.
- Brecha de habilidades: la adopción de tecnologías avanzadas de la Industria 4.0 requiere habilidades técnicas y digitales que pueden estar ausentes en la fuerza laboral actual. Esto puede crear una brecha de habilidades entre la oferta y la demanda de trabajo, dificultando la contratación y retención de talento adecuado.
- Impacto en comunidades locales: la automatización en sectores como la manufactura puede tener un impacto negativo en comunidades locales que dependen de la industria para el empleo, lo que puede provocar desequilibrios económicos y sociales.

Para abordar estos desafíos, se requieren estrategias de mitigación que incluyan:

- Reentrenamiento y educación continua para actualizar las habilidades de la fuerza laboral y preparar a los trabajadores para roles más especializados y tecnológicos.
- Políticas de empleo y protección social para proporcionar apoyo a los trabajadores desplazados mediante programas de reempleo, subsidios de desempleo y otras formas de protección social.
- Colaboración público-privada para identificar las necesidades de habilidades del mercado laboral y desarrollar programas de formación y educación que satisfagan esas demandas.

Integración de sistemas y procesos

La integración de sistemas heredados con nuevas tecnologías de la Industria 4.0 presenta desafíos técnicos y organizativos que pueden obstaculizar una implementación exitosa. Algunos desafíos incluyen:

- Compatibilidad e interoperabilidad: la integración de sistemas y dispositivos que utilizan estándares y protocolos diferentes puede ser complicada y requerir soluciones de interoperabilidad robustas.
- Complejidad técnica: la configuración y sincronización de sistemas heredados con nuevos sistemas digitales puede ser compleja y requerir la colaboración de expertos en TI y operaciones.
- Cambio cultural y resistencia al cambio: la adopción de nuevas tecnologías puede encontrarse con resistencia por parte de los empleados y la gerencia que pueden sentirse amenazados por el cambio o preocupados por la pérdida de control.

Para superar estos desafíos, las empresas pueden adoptar las siguientes estrategias:

- Evaluación de la infraestructura existente para identificar las áreas de mejora y determinar qué sistemas necesitan ser actualizados o reemplazados.
- Estándares y protocolos abiertos para facilitar la interoperabilidad entre sistemas y permitir una integración más fluida.
- Capacitación y comunicación para involucrar a los empleados en el proceso de cambio y fomentar una cultura de colaboración y adaptabilidad.

Asociaciones y colaboraciones para compartir conocimientos y mejores prácticas con otras empresas y aprovechar la experiencia de proveedores y consultores especializados en integración de sistemas.

DIGITAL FACTORY NOW

El concepto "Digital Factory now" aborda la implementación de tecnologías avanzadas para la creación de fábricas digitales eficientes, sostenibles y ciberseguras. Finalmente, no se puede administrar lo que no se puede medir.

ILUSTRACIÓN 10: Vista de un sistema digital factory

Fuente: Phoenix Contact

Transformación hacia una fábrica digital

La fábrica digital está diseñada para mejorar la eficiencia y sostenibilidad en las operaciones industriales, maximizando la seguridad cibernética. La base de esta transformación es la recopilación y análisis de datos provenientes de sistemas operativos (OT) e informáticos (IT). Estos datos permiten identificar oportunidades para optimizar los procesos y reducir costos.

La convergencia OT-IT se hace posible gracias al IIoT Framework, una plataforma que conecta entornos operativos y tecnológicos mediante interfaces abiertas, escalables y flexibles. Esto facilita la integración de datos y su procesamiento en tiempo real sin importar las diferencias entre los sistemas conectados.

Automatización y control inteligente
El uso de tecnologías de control, como por ejemplo el PLCnext Tecnología permite gestionar la automatización y monitorización de equipos industriales de forma más modular y eficiente. Este ecosistema abierto y basado en estándares de la industria facilita la integración de sistemas existentes con nuevas tecnologías, promoviendo una producción más ágil y sostenible. Además, se destacan las capacidades de Machine Learning mediante soluciones como MLnext, que utilizan inteligencia artificial para optimizar la producción.

La plataforma permite el mantenimiento predictivo, lo que se traduce en la detección de anomalías y fallos antes de que ocurran, minimizando los tiempos de inactividad y maximizando la calidad de los productos fabricados. Estas tecnologías permiten lograr un aumento significativo en la eficiencia general de los equipos.

Ciberseguridad en la Industria 4.0

La ciberseguridad es una preocupación crítica en la fábrica digital debido a la creciente interconexión de máquinas y sistemas. Se promueve un enfoque integral de seguridad cibernética basado en la norma IEC 62443, que abarca todos los aspectos de la producción, desde la protección de los datos hasta la segmentación de las redes de producción con herramientas como Secure Edge Box y Data Security Box.

Estas soluciones garantizan una producción segura mediante la segmentación de las redes de datos y el uso de sistemas de almacenamiento locales y en la nube para mantener la integridad de los datos industriales, asegurando la protección contra ciberataques.

Sostenibilidad y eficiencia energética

Uno de los pilares de la Digital Factory es la transparencia en el consumo de recursos, lo que facilita el análisis del uso de energía y la identificación de oportunidades para reducir emisiones de gases de efecto invernadero. Soluciones como la Data Collection Box recopilan datos de consumo sin afectar la producción, lo que ayuda a las empresas a minimizar el impacto ambiental de sus operaciones.

En plantas Brownfield (instalaciones existentes), esta tecnología es clave para implementar una gestión sostenible de los recursos. La combinación de análisis de datos con tecnologías escalables permite maximizar la eficiencia energética y reducir los costos operativos.

Soluciones en la nube y sistemas inteligentes

La integración de la nube permite a las empresas gestionar de manera centralizada sus operaciones globales, mejorando la interconexión entre diferentes plantas de producción. Proficloud.io es una plataforma IIoT que permite conectar equipos y sistemas a una infraestructura en la nube, ofreciendo servicios inteligentes para optimizar procesos y reducir costos.

La conectividad y la visualización de los datos recopilados mediante tecnologías como Grafana y Node-RED permiten una supervisión constante y la toma de decisiones basada en datos en tiempo real. Este enfoque garantiza que las fábricas puedan adaptarse a cambios rápidos en el mercado mientras mantienen una operación segura y eficiente.

Vehículos de guiado automático y fábricas inteligentes

Para hacer frente a las demandas de flexibilidad en la producción, se introducen sistemas de vehículos de guiado automático (AGV) y robots móviles autónomos (AMR), los cuales asumen tareas logísticas dentro de las plantas industriales. Estos vehículos mejoran la eficiencia en el transporte de materiales y contribuyen a una automatización inteligente.

El uso de tecnologías como la automatización inteligente y la colaboración entre humanos y máquinas está transformando la manera en que se producen bienes. Las fábricas inteligentes no solo buscan mejorar la productividad, sino también reducir costos operativos mediante sistemas de automatización estandarizados.

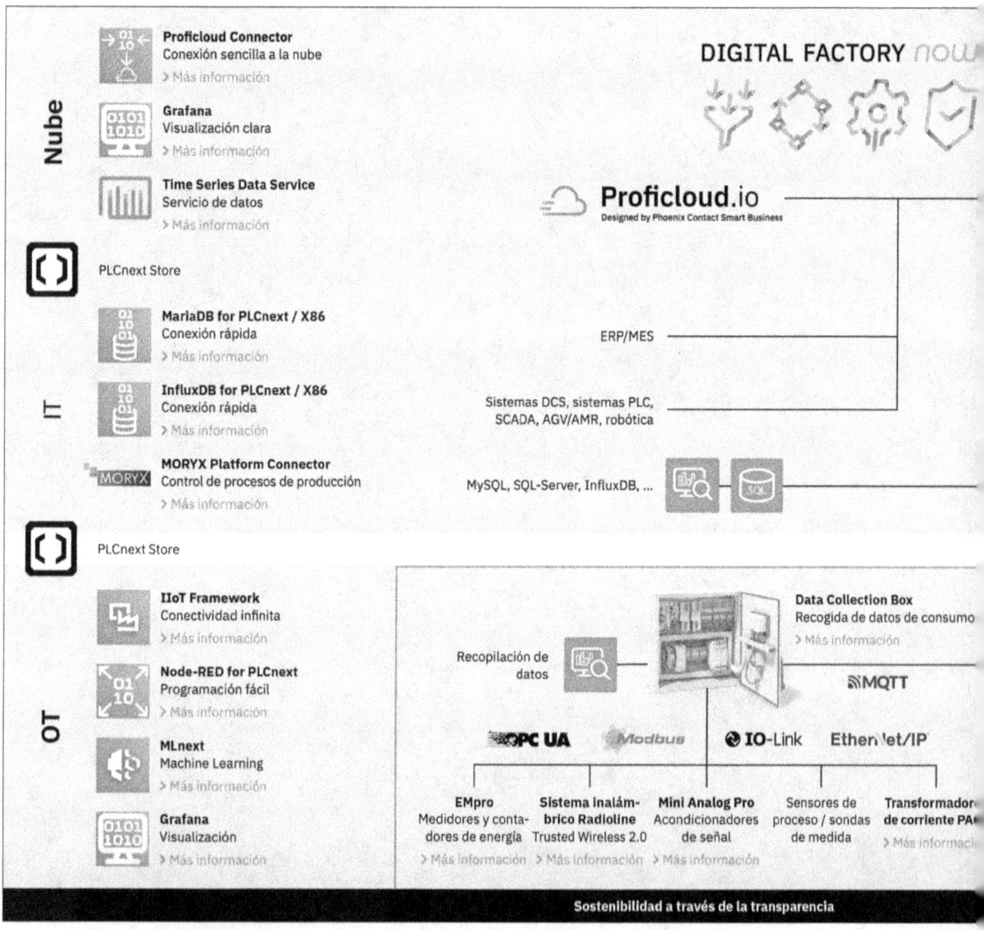

ILUSTRACIÓN 11: Diseño de una producción sostenible. Digital Factory Now
Fuente: Phoenix Contact

Tendencias futuras y visión hacia la sostenibilidad

Se vive un momento de transición hacia un futuro All Electric Society que se basa en la utilización eficiente de energía eléctrica sin emisiones de carbono. En este contexto, la fábrica digital desempeña un papel crucial al permitir un acoplamiento sectorial, donde se interconectan sectores generadores y consumidores de energía para optimizar los recursos y aumentar la productividad con menor impacto ambiental.

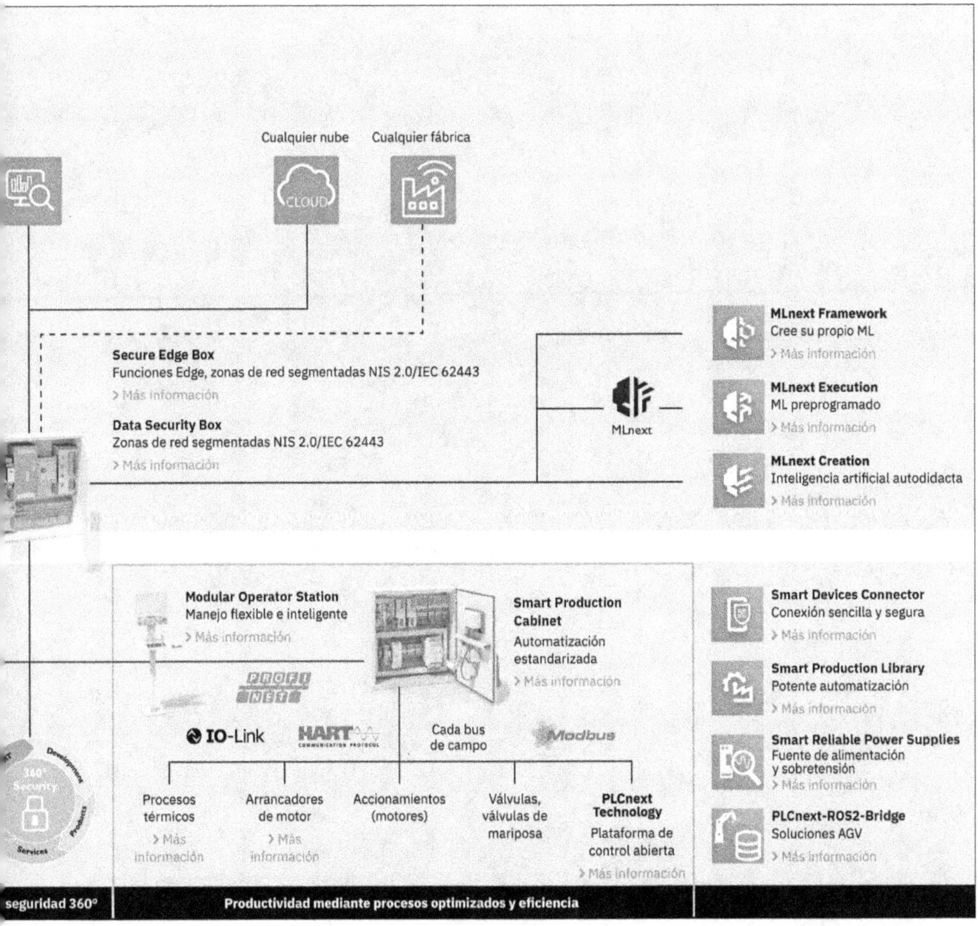

CAPÍTULO 5

Casos de éxito en la industria chilena

REPORTE CASO DE ÉXITO 1: IMPLEMENTACIÓN DE SISTEMA DE CONTROL APLICADO A CALDERAS PARA EDIFICIOS HABITACIONALES

Introducción

En las últimas décadas, el mercado de calderas de agua caliente para edificios residenciales y comerciales ha experimentado un crecimiento significativo, especialmente en áreas urbanas densamente pobladas, como Santiago de Chile. Este incremento está impulsado por la creciente demanda de sistemas de calefacción eficientes y la necesidad de un suministro confiable de agua caliente. La diversidad en la oferta de calderas refleja las variadas necesidades de los usuarios, pero también introduce desafíos complejos en cuanto al control y mantenimiento de estos equipos. Es fundamental que las calderas operen bajo altos estándares de eficiencia energética y se adapten a las fluctuaciones de la demanda térmica. Para abordar estos retos, se requiere un sistema de control avanzado que asegure un suministro óptimo de agua caliente y la eficiencia del sistema de calefacción, minimizando al mismo tiempo los costos operativos.

Solución propuesta

Para resolver estos desafíos, se propone la implementación de un sistema de control automatizado basado en la tecnología de Phoenix Contact, específicamente el Sistema de Control ILC 131 ETH. Este sistema, combinado con módulos analógicos y de comunicación, junto con los softwares PC Worx y Visu+, proporciona un entorno robusto y fácil de usar para la programación y visualización. El sistema se diseñará para monitorizar y optimizar continuamente el funcionamiento de las calderas, ajustando dinámicamente su operación para maximizar la eficiencia energética y reducir costos. Además, permitirá la supervisión remota y el control de las operaciones, ya que establece un sistema de alertas y notificaciones para responder rápidamente a cualquier anomalía.

Metodología

La implementación de la solución propuesta se desarrollará en varias fases a lo largo de aproximadamente tres meses, abarcando desde la planificación inicial hasta la puesta en marcha final. La metodología incluye los siguientes pasos:

Planificación y diseño:

- Definición de los requisitos del sistema.
- Selección de equipos y tecnologías adecuadas.
- Diseño del sistema de control, considerando la integración con los componentes existentes del edificio.
- Desarrollo e integración:
- Programación del Sistema de Control ILC 131 ETH utilizando PC Worx.
- Configuración de los módulos analógicos y de comunicación RS485.
- Desarrollo de la interfaz de usuario en Visu+ para una visualización intuitiva y eficiente.

Pruebas y ajustes:

- Realización de pruebas exhaustivas para asegurar la funcionalidad y la interoperabilidad de todos los componentes.
- Ajustes finos para optimizar la eficiencia energética y la respuesta del sistema.
- Puesta en marcha y entrenamiento:
- Implementación final del sistema en el entorno operativo.
- Capacitación del personal en el uso y mantenimiento del sistema de control.

Conclusiones

La implementación del Sistema de Control ILC 131 ETH de Phoenix Contact ha demostrado ser una solución efectiva para mejorar la eficiencia y la fiabilidad de los sistemas de calefacción y agua caliente en edificios residenciales y comerciales. Este sistema ha permitido una supervisión y un control precisos de las operaciones de las calderas, resultando en un uso más eficiente de la energía y en la reducción significativa en los costos operativos. La integración de tecnologías avanzadas de automatización y la capacidad de respuesta ante fallos han mejorado notablemente la gestión y el rendimiento de las calderas. En resumen, esta solución contribuye de manera significativa a la sostenibilidad y eficiencia energética en el sector, ofreciendo una opción confiable y rentable para los administradores de edificios.

REPORTE CASO DE ÉXITO 2: SOLUCIONES INTELIGENTES PARA EL CONTROL DE TEMPERATURA EN TIEMPO REAL

Introducción

En el ámbito de los procesos industriales, la precisión y la eficiencia en el control de temperatura son cruciales para mantener la calidad del producto, optimizar el consumo energético y garantizar la seguridad operativa. La falta de un registro preciso y en tiempo real de las temperaturas puede conducir a fluctuaciones térmicas no detectadas, provocando problemas operativos significativos y riesgos potenciales. Este problema es especialmente crítico en entornos industriales complejos, como en las chimeneas de fundición en el sector minero, donde un control térmico deficiente puede afectar tanto la eficiencia del proceso como el cumplimiento de las normativas ambientales. Para abordar estas necesidades, se propone la implementación de un sistema de monitoreo de temperatura en tiempo real, utilizando tecnologías avanzadas como los IO Remotos de Phoenix Contact. Esta solución permitirá una captura continua y precisa de los datos térmicos, proporcionando una visión integral y actualizada del estado térmico de las operaciones y facilitando la toma de decisiones informadas.

Solución propuesta

La propuesta para enfrentar los desafíos del control de temperatura en tiempo real se basa en la integración de tecnologías avanzadas de Phoenix Contact, utilizando la línea Axioline y sus módulos de entrada analógica RTD. El sistema está diseñado para capturar y registrar con precisión las señales de temperatura a lo largo de todo el proceso industrial, lo que elimina la necesidad de dispositivos adicionales para la conversión de señales y simplificando la complejidad del sistema. Esta infraestructura permitirá no solo un monitoreo preciso y continuo de las temperaturas en diferentes puntos de la chimenea, sino también la optimización del rendimiento energético mediante el ajuste adecuado de los quemadores. Además, la compatibilidad con el protocolo IORemoto y la capacidad de reportar al Sistema de Control Distribuido (DCS) del cliente vía ethernet, garantiza una integración fluida y eficiente con los sistemas de control existentes, proporcionando una visión unificada y en tiempo real de las operaciones.

Metodología

La implementación de la solución de control de temperatura en tiempo real se llevará a cabo en varias fases, a lo largo de un periodo de cinco meses, siguiendo una metodología estructurada y colaborativa.

Levantamiento del proceso:

- Análisis exhaustivo del proceso industrial existente.
- Identificación de áreas críticas para la captura de datos térmicos y oportunidades de mejora.

Desarrollo de ingeniería conceptual:

- Diseño detallado de la solución basándose en la información recopilada.
- Definición de los componentes técnicos y operativos clave de la solución.

Selección de equipos:

- Evaluación y selección rigurosa de equipos y tecnologías que mejor se ajusten a las necesidades del proyecto.
- Elección de componentes que garanticen una integración óptima y un rendimiento eficiente.

Configuración y programación:

- Programación de los componentes del sistema y configuración de la rutina operativa.
- Parametrización de los dispositivos para asegurar su correcto funcionamiento.

Acompañamiento en la puesta en marcha:

- Supervisión y apoyo durante la fase de puesta en marcha.
- Realización de pruebas exhaustivas y capacitación del personal del cliente para asegurar una transición sin problemas al nuevo sistema.

Conclusiones

La implementación de un sistema avanzado de monitoreo de temperatura en tiempo real ha demostrado ser una solución eficaz para mejorar la eficiencia y la seguridad de los procesos industriales. A lo largo de las distintas fases del proyecto, la colaboración estrecha entre el cliente y el equipo de implementación, así como la adaptación a las tecnologías de Phoenix Contact, han sido fundamentales para superar los desafíos y alcanzar los objetivos planteados. La solución no solo ha cumplido con las expectativas del cliente, sino que también ha proporcionado beneficios significativos en términos de eficiencia operativa, optimización energética y cumplimiento de las normativas ambientales. Este proyecto destaca cómo la integración de tecnologías avanzadas y una estrategia de gestión de energía bien diseñada pueden transformar significativamente el rendimiento y la sostenibilidad de los procesos industriales.

REPORTE CASO DE ÉXITO 3: OPTIMIZACIÓN Y VISUALIZACIÓN DE SISTEMA DE CONTROL APLICADO A CÁMARAS DE FRÍO

Introducción

El correcto funcionamiento de un frigorífico industrial es crucial para múltiples industrias, especialmente en los sectores alimentario y farmacéutico. Mantener una operación eficiente y segura en estas instalaciones es un desafío significativo debido a la necesidad de monitorear y controlar numerosas variables críticas. Actualmente, la planta en cuestión maneja 369 variables que requieren atención constante para asegurar la operación óptima del frigorífico. Sin un sistema centralizado de visualización de datos, el personal de mantenimiento debe moverse entre diferentes puntos de supervisión, lo cual complica la detección y respuesta a problemas en tiempo real.

Solución propuesta

Para enfrentar estos desafíos, se propone la implementación de una interfaz hombre-máquina (HMI) que centralice el monitoreo en tiempo real. Esta solución permitirá visualizar de manera clara y organizada la información recopilada, facilitando la supervisión y el control del sistema desde una sala de operaciones central. Además, se garantizará la seguridad y accesibilidad de todos los datos recolectados mediante su almacenamiento en un servidor. Finalmente, se establecerá un sistema de alertas que notificará a los usuarios sobre cualquier anomalía, asegurando una respuesta rápida ante cualquier problema.

Metodología

Descripción del problema:

El frigorífico industrial en cuestión enfrenta la complejidad de manejar un gran número de variables críticas. Actualmente, la falta de un sistema centralizado de visualización obliga al personal a realizar desplazamientos físicos a múltiples puntos de supervisión. Esto no solo aumenta la carga de trabajo, sino que también retrasa la detección y resolución de problemas, lo que puede impactar negativamente en la operación del frigorífico.

Implementación de la solución:

Se propone la instalación de una HMI en la sala de operaciones para contemplar una visión general y detallada de todas las variables críticas del frigorífico. Esto reducirá la necesidad de desplazamientos físicos y permitirá una respuesta más rápida y eficiente a los problemas.

Todos los datos recopilados serán almacenados de manera segura en un servidor local y en la nube, usando MySQL y Proficloud respectivamente. Esto asegura la integridad y disponibilidad de los datos para análisis y mejoras futuras.

Se implementará, además, un sistema de notificación para alertar al personal sobre cualquier anomalía mediante correo electrónico, SMS, WhatsApp y Telegram. Esto garantiza que cualquier problema sea atendido de manera inmediata, minimizando el riesgo de fallos en el equipo y el impacto en la producción.

Finalmente, utilizando una red privada virtual (VPN) sobre tecnología 4G, se permitirá el acceso remoto seguro al sistema de monitoreo, proporcionando flexibilidad en la supervisión del frigorífico desde ubicaciones fuera de la planta.

Desafíos y objetivos

La implementación de este sistema presenta varios desafíos técnicos y organizacionales, incluyendo la adaptación del personal a nuevas responsabilidades y la integración de sistemas existentes con nuevas tecnologías. Se establecerán los siguientes objetivos específicos para guiar el proceso de implementación:

- Mejora en la eficiencia operativa: facilitar la toma de decisiones mediante una visualización clara y organizada de los datos, permitiendo ajustes rápidos y optimización de la productividad.
- Reducción de costos: minimizar los gastos asociados con reparaciones inesperadas y tiempo de inactividad, a través de la detección temprana de anomalías.
- Mejora de la calidad del producto: asegurar la calidad constante de los productos mediante un monitoreo preciso de las variables clave del proceso.
- Cumplimiento normativo: garantizar el cumplimiento de las regulaciones pertinentes en seguridad, medio ambiente y calidad del producto.
- Reducción de tiempos de inactividad: prevenir interrupciones en la producción mediante alertas tempranas y mantenimiento preventivo.

Implementación de la solución

La implementación se llevará a cabo mediante la colaboración con Phoenix Contact, utilizando su plataforma PLCNext y el protocolo Modbus TCP para la supervisión y gestión de las variables del frigorífico. Los componentes clave de la arquitectura del proyecto son:

- Red Modbus TCP: utilizar PLCNext AXC F 2152 para conectar los PLC externos existentes, centralizando la recopilación de datos de las cámaras de frío.

- Almacenamiento de datos: implementar un sistema de almacenamiento en un servidor local (MySQL) y en la nube (Proficloud) para asegurar la integridad y accesibilidad de los datos.
- Sistema de alarmas: configurar 117 alarmas personalizadas que se enviarán por correo electrónico, SMS, WhatsApp y Telegram, garantizando múltiples canales de notificación.
- Conexión remota: establecer una conexión remota segura mediante VPN sobre 4G, permitiendo el acceso al sistema desde cualquier ubicación.
- Visualización de información: desarrollar pantallas HMI para la visualización en la sala de operaciones central y en la ubicación remota del cliente (OEM), lo que proporciona una visión tanto global como individual de cada cámara de frío.

Conclusiones

La implementación de este sistema integral de automatización ha logrado los siguientes beneficios:

- Mayor visibilidad y control: los operadores ahora tienen una visión detallada en tiempo real del frigorífico, lo que facilita la toma de decisiones rápidas y precisas.
- Reducción de tiempos de inactividad: con el sistema de alertas proactivo, los problemas se abordan antes de convertirse en críticos, lo que reduce significativamente los tiempos de inactividad.
- Mejora en la eficiencia operativa: el acceso a datos históricos permite identificar y abordar áreas de mejora en los procesos de producción, optimizando el uso de recursos.
- Cumplimiento de normativas: la capacidad de generar informes personalizados asegura el cumplimiento de regulaciones y fortalece la reputación de la empresa.
- Acceso remoto seguro: la supervisión remota ha proporcionado flexibilidad y capacidad de respuesta ante situaciones inesperadas, mejorando la comunicación y coordinación del equipo humano.

La colaboración estrecha con Phoenix Contact y una gestión del cambio efectiva han sido fundamentales para el éxito de este proyecto, asegurando que la solución final cumpla con los requisitos y expectativas del cliente.

CAPÍTULO 6
Resumen

El desarrollo de la industria en Chile enfrenta diversos desafíos y oportunidades en un contexto de globalización y avances tecnológicos. Las tendencias actuales y las perspectivas para el crecimiento industrial involucran la adopción de tecnologías avanzadas, la automatización y la necesidad de una colaboración más estrecha entre las Pymes, las instituciones de educación técnico-profesional y el Estado.

AUTOMATIZACIÓN INDUSTRIAL EN CHILE

En Chile, la automatización industrial ha mostrado un crecimiento notable en los últimos años, aunque a un ritmo más lento comparado con economías desarrolladas. Según datos del Instituto Nacional de Estadísticas (INE), el Índice de Producción Industrial ha aumentado de manera constante, indicando una mayor adopción de tecnologías automatizadas en el sector. Sin embargo, la situación presenta desafíos, especialmente para las pymes, que a menudo carecen de recursos y capacitación necesarios para implementar tecnologías avanzadas.

DESAFÍOS PARA LAS PYMES

Las pymes enfrentan una brecha tecnológica significativa que limita su capacidad para competir en el mercado global. La falta de recursos financieros y de capacitación técnica son barreras cruciales. Además, la falta de políticas y regulaciones específicas para la automatización industrial en Chile ha dificultado su desarrollo. Es esencial que estas empresas reciban apoyo gubernamental en forma de programas de financiamiento y capacitación para poder modernizar sus procesos y aumentar su competitividad.

ROL DE LAS INSTITUCIONES DE EDUCACIÓN TÉCNICO-PROFESIONAL

Las instituciones de educación técnico-profesional desempeñan un papel vital en el desarrollo de la industria al proporcionar la formación necesaria para manejar tecnologías avanzadas. La colaboración entre estas instituciones, las empresas y los centros de investigación puede impulsar la innovación y la adopción de nuevas tecnologías. La formación de técnicos especializados en automatización y otras tecnologías emergentes es crucial para cerrar la brecha de habilidades y apoyar la modernización industrial.

ESTRATEGIAS Y POLÍTICAS DEL ESTADO

El Estado tiene un papel fundamental en la promoción de la automatización industrial a través de políticas que fomenten la inversión en tecnologías avanzadas y apoyen a las pymes. La implementación de estrategias nacionales de digitalización e Industria 4.0, similares a las de países como Alemania y Japón, podría proporcionar un marco integral para el desarrollo de la industria chilena. Además, el gobierno puede facilitar programas de capacitación y financiamiento, así como promover la investigación y desarrollo en colaboración con universidades y centros de investigación.

PERSPECTIVAS FUTURAS

Para abordar los desafíos –y aprovechar las oportunidades de la automatización industrial–, es necesario un enfoque integral que involucre a todos los actores relevantes. Las empresas deben comprometerse a invertir en tecnologías de automatización y fomentar una cultura de innovación continua. El gobierno debe proporcionar un entorno regulatorio favorable y apoyo financiero, mientras que las instituciones académicas deben continuar desarrollando programas de formación que se adapten a las necesidades cambiantes del mercado laboral.

La sociedad en su conjunto debe estar informada sobre los beneficios y desafíos de la automatización industrial para asegurar una transición justa y sostenible hacia un futuro automatizado. La automatización ofrece la posibilidad de mejorar la eficiencia y la competitividad de la industria chilena, pero su implementación debe ser gestionada de manera que se maximicen sus beneficios y se minimicen los riesgos asociados, como la pérdida de empleos y la necesidad de reentrenar a la fuerza laboral.

En conclusión, el desarrollo de la industria en Chile depende de una colaboración eficaz entre las pymes, las instituciones de educación técnico-profesional y el Estado. Adoptar un enfoque proactivo y coordinado permitirá al país superar los desafíos actuales y aprovechar plenamente las oportunidades que presenta la automatización industrial, posicionándose como un actor competitivo en la economía global.

REFERENCIAS

- Abbott, R. (2020). *The Reasonable Robot: Artificial Intelligence and the Law,* Cambridge University Press.
- Acemoglu, D. (2019). Automation and New Tasks: How Technology Displaces and Reinstates Labor, Journal of Economic Perspectives, 33(2), 3-30.
- BIS Research (2019).*Global Industrial Automation Market – Analysis and Forecast (2019-2024).* BIS Research.
- Brown, A. (2008). The Rise of Industrial Automation in the 18th Century. *Journal of Automation History, 12*(1), 33-48.
- Brown, A. (2008). The Rise of Industrial Automation in the 20th Century. *Journal of Automation History, 15*(2), 45-61.
- Kavas, C. E. (2019). *Automation in Manufacturing: Costs and Benefits,* CRC Press, 2019.
- Federación Internacional de Robótica (2020). *World Robotics 2020 Industrial Robots.* IFR.
- Foro Económico Mundial (2020). *The Future of Jobs Report 2020.* Foro Económico Mundial.
- Jones, R. (2015). *Textile Revolution: The Impact of Mechanical Spinning on Industrialization.* London: Oxford University Press.
- Jones, R. (2016). The Role of CNC in Modern Manufacturing. *Automation Today, 8*(4), 205-220.
- EPorter, M. E., & Heppelmann, J. E. (2014). How Smart, Connected Products Are Transforming Competition. Harvard Business Review, 92(11), 64-88. jssj
- Saptharishi, M. *et al.* (2021), Industrial Internet of Things: Cybersecurity Challenges and Solutions, *IEEE Internet of Things Journal, 8*(3), 1581-1592.
- Smith, J. (2010). Ancient Automata: A Historical Perspective. *Journal of Mechanical Engineering, 8*(1), 22-35.
- Smith, J. (2013). The Development and Impact of PLCs in Industrial Automation. *Journal of Automation Technology, 16*(1), 45-60.
- Taylor, B. (2012). The Emergence of PLCs and CNCs. *Manufacturing. Automation Today, 5*(4), 103-118.
- Víctor-Aldana *et al.* (2020). A review of the OPC unified architecture, *IEEE Access, 8,* 6668-6690, 2020.

APÉNDICE Y DATOS TÉCNICOS

SENSORES COMUNES EN AUTOMATIZACIÓN INDUSTRIAL

TIPO DE SENSOR	DESCRIPCIÓN	APLICACIONES COMUNES	EJEMPLO DE USO
Sensor de proximidad	Detecta la presencia de objetos cercanos sin contacto físico. Funciona mediante inducción, capacitancia, ultrasonido o infrarrojo.	Manufactura, ensamblaje, robótica, sistemas de seguridad.	Detección de piezas en una línea de montaje para asegurar que estén correctamente posicionadas antes de la operación.
Sensor de temperatura	Mide la temperatura de un entorno o superficie usando RTD, termopares o infrarrojos.	Control de procesos, HVAC, automotriz, electrónica.	Monitoreo de temperatura en hornos industriales para garantizar procesos de calentamiento precisos.
Sensor de presión	Mide la presión de gases o líquidos utilizando piezoelectricidad, resistividad, o capacitancia.	Procesos químicos, petroquímica, HVAC, sistemas hidráulicos.	Control de presión en sistemas hidráulicos para asegurar el funcionamiento seguro y eficiente de la maquinaria.
Sensor de flujo	Mide la cantidad de líquido o gas que fluye mediante tecnologías, como electromagnético, de vórtice, ultrasónico o de turbina.	Tratamiento de agua, farmacéutica, alimentos y bebidas, procesos químicos.	Control de flujo en tuberías de proceso para asegurar la cantidad correcta de materiales en la producción.
Sensor de luz (opto electrónico)	Detecta la intensidad de la luz utilizando fotocélulas, fotodiodos, fototransistores, etc.	Seguridad, control de calidad, robótica, automatización de edificios.	Detección de posición en robots mediante señales ópticas para asegurar la precisión en las tareas de ensamblaje.
Sensor de nivel	Mide el nivel de líquidos o sólidos en un contenedor utilizando ultrasonido, radar, flotadores o capacitancia.	Gestión de inventarios, control de procesos, tratamiento de aguas.	Monitoreo de niveles en tanques de almacenamiento para evitar desbordamientos o escasez de materiales.
Sensor de vibración	Detecta vibraciones y movimientos en maquinaria y estructuras, utilizando acelerómetros o sensores piezoeléctricos.	Mantenimiento predictivo, monitoreo de condiciones, seguridad estructural.	Monitoreo de vibraciones en maquinaria rotativa para prevenir fallas y planificar el mantenimiento.

Sensor de humedad	Mide la cantidad de vapor de agua en el aire o en materiales usando resistivos, capacitivos o térmicos.	Control de calidad, HVAC, agricultura, almacenamiento de alimentos.	Control de humedad en invernaderos para optimizar el crecimiento de cultivos.
Sensor de gas	Detecta la presencia y concentración de gases específicos utilizando tecnologías como catalítica, infrarroja o electroquímica.	Seguridad industrial, control ambiental, HVAC.	Detección de fugas de gas en plantas químicas para prevenir accidentes y asegurar condiciones seguras.
Sensor de fuerza/ torque	Mide la cantidad de fuerza o torque aplicado en un punto, utilizando galgas extenso métricas o piezoeléctricos.	Ensamblaje, robótica, pruebas de materiales.	Medición de torque en tornillos durante el ensamblaje para asegurar una fijación adecuada.

ACTUADORES UTILIZADOS EN AUTOMATIZACIÓN INDUSTRIAL

TIPO DE ACTUADOR	DESCRIPCIÓN	APLICACIONES COMUNES	EJEMPLO DE USO
Actuador neumático	Convierte energía neumática en movimiento.	Manipulación, ensamblaje, empaquetado.	Operación de válvulas en líneas de producción.
Actuador hidráulico	Utiliza fluidos para generar movimiento.	Maquinaria pesada, robótica, prensado.	Control de movimientos en maquinaria de construcción.
Actuador eléctrico	Convierte energía eléctrica en movimiento.	Automatización de procesos, robótica.	Control de puertas automáticas en sistemas de transporte.
Motor paso a paso	Motor eléctrico que se mueve en pasos discretos.	Control de posición, impresoras 3D.	Posicionamiento preciso en sistemas CNC.
Solenoide	Actuador electromecánico que genera un movimiento lineal.	Automatización de válvulas, cerraduras electrónicas.	Control de válvulas en sistemas de fluidos.

CONTROLADORES

TIPO DE CONTROLADOR	DESCRIPCIÓN	APLICACIONES COMUNES	EJEMPLO DE USO
Controlador lógico programable (PLC)	Controla procesos industriales con lógica programable.	Manufactura, ensamblaje, sistemas de control de procesos.	Control de líneas de ensamblaje en la industria automotriz.
Sistema de Control Distribuido (DCS)	Sistema de control centralizado con componentes distribuidos.	Procesos químicos, generación de energía, refinerías.	Control de plantas de energía eléctrica.
Controlador de Automatización Programable (PAC)	Similar a un PLC, con capacidades avanzadas de procesamiento.	Manufactura, sistemas de automatización complejos.	Control de sistemas de robótica industrial.
Interfaz Hombre-Máquina (HMI)	Permite la interacción entre operadores y sistemas de control.	Plantas industriales, control de procesos.	Monitoreo y control de operaciones en una planta de manufactura.

EJEMPLOS DE SISTEMAS AUTOMATIZADOS

TEMA	DESCRIPCIÓN	COMPONENTES PRINCIPALES	BENEFICIOS
Línea de producción automatizada	Sistema integral que utiliza equipos automatizados para ensamblar productos en serie. Incluye transportadores, robots, sensores y controladores.	Sensores (proximidad, visión, etc.), actuadores (robots, transportadores), PLC (Controladores Lógicos Programables), HMI (Interfaz Hombre-Máquina).	Aumento de la eficiencia, reducción de errores, alta productividad, menor tiempo de ciclo y mayor consistencia en la calidad del producto.
Sistema SCADA (Supervisión, Control y Adquisición de Datos)	Sistema utilizado para el control y monitoreo de procesos industriales en tiempo real. Permite la adquisición de datos, control de procesos y gestión de alarmas.	Controladores (PLC, RTU), HMI, servidores de datos, redes de comunicación.	Supervisión centralizada, gestión de datos en tiempo real, mejora en la toma de decisiones, mantenimiento predictivo y reactivo eficiente.
Sistema de Almacenamiento Automatizado (ASRS)	Sistema diseñado para almacenar y recuperar productos automáticamente en un almacén. Incluye estanterías, transportadores, elevadores y sistemas de control.	Transportadores, actuadores (grúas, elevadores), sensores (posición, peso), sistemas de control (WMS, PLC).	Optimización del espacio, reducción de tiempos de almacenamiento y recuperación, mejora en la precisión de inventarios, reducción de costos operativos.

Robot industrial	Máquina automatizada diseñada para realizar tareas específicas de forma repetitiva y precisa. Utilizado en manufactura, ensamblaje, embalaje y más.	Motores, sensores (visión, fuerza, proximidad), controladores (PAC, PLC), software de programación.	Precisión en tareas repetitivas, aumento de la calidad, flexibilidad en la producción, reducción de riesgos laborales y aumento en la eficiencia operativa.
Sistema de gestión de energía (EMS)	Sistema que monitorea y controla el uso de energía en una instalación industrial. Incluye sensores de energía, controladores y software de gestión.	Sensores de energía, medidores inteligentes, controladores, software de gestión.	Reducción del consumo de energía, optimización de costes, mejora de la sostenibilidad y eficiencia energética.
Sistema de control de procesos (DCS)	Sistema utilizado para el control continuo de procesos industriales mediante controladores distribuidos.	Controladores distribuidos, sensores, actuadores, HMI, redes de comunicación.	Mejora en la precisión y estabilidad de los procesos, reducción de variabilidad, mejora en la eficiencia y calidad del producto.
Sistema de inspección por visión	Sistema que utiliza cámaras y software de procesamiento de imágenes para inspeccionar productos en una línea de producción.	Cámaras, iluminación, software de visión, PLC.	Detección de defectos, aseguramiento de calidad, reducción de desperdicios, aumento en la velocidad de inspección.
Sistema de transporte automatizado (AGV)	Vehículos guiados automáticamente que transportan materiales dentro de una planta o almacén.	AGV, sensores de navegación, sistemas de control, estaciones de carga.	Mejora en la eficiencia logística, reducción de tiempo y costos de transporte interno, mayor seguridad en el movimiento de materiales.
Sistema de control ambiental	Sistema que monitorea y controla las condiciones ambientales (temperatura, humedad, calidad del aire) en una instalación.	Sensores ambientales, actuadores (HVAC, humidificadores), controladores, HMI.	Mejora en la comodidad y seguridad de los trabajadores, optimización del ambiente para la producción, cumplimiento de normativas ambientales.

SISTEMAS DE BUSES DE CAMPO UTILIZADOS EN AUTOMATIZACIÓN INDUSTRIAL

SISTEMA DE BUS DE CAMPO	DESCRIPCIÓN	APLICACIONES COMUNES	VENTAJAS	EJEMPLO DE USO
Profibus	Protocolo de comunicación estándar para la automatización de procesos y manufactura. Soporta comunicación en tiempo real y se utiliza ampliamente en Europa.	Manufactura, procesos industriales, control de maquinaria.	Alta velocidad, confiabilidad, amplia adopción industrial.	Control de una línea de producción automatizada en una planta automotriz.
Modbus	Protocolo de comunicación serial simple y abierto utilizado para la interconexión de dispositivos electrónicos. Puede funcionar sobre RS-232, RS-485 o TCP/IP.	Control de procesos, integración de dispositivos, monitoreo de energía.	Facilidad de implementación, interoperabilidad, flexibilidad.	Monitoreo y control de sistemas HVAC en edificios comerciales.
Controller Area Network (CANbus)	Red de comunicación robusta y de alta velocidad diseñada originalmente para la industria automotriz, pero ampliamente utilizada en la automatización industrial.	Automotriz, robótica, control de maquinaria, sistemas embebidos.	Alta inmunidad al ruido, comunicación eficiente, bajo costo.	Control de sistemas de dirección y frenos en vehículos autónomos.
EtherCAT	Protocolo ethernet diseñado para la comunicación en tiempo real y alta velocidad en sistemas de control y automatización industrial.	Robótica, máquinas de embalaje, control de movimiento.	Baja latencia, alta precisión, sincronización en tiempo real.	Control de un robot industrial en una línea de ensamblaje automatizada.
DeviceNet	Protocolo basado en CANbus utilizado para la comunicación entre dispositivos de control y actuadores en sistemas de automatización.	Manufactura, control de maquinaria, integración de dispositivos.	Configuración sencilla, alta interoperabilidad, robustez.	Integración de sensores y actuadores en una máquina de ensamblaje automatizada.

Foundation fieldbus	Protocolo de comunicación digital para aplicaciones de automatización de procesos, soportando comunicación y control en tiempo real.	Procesos químicos, petróleo y gas, control ambiental.	Capacidad de configuración y diagnóstico, comunicación determinística.	Control y monitoreo de procesos en una planta petroquímica.
AS-Interface (AS-i)	Sistema de bus de campo simple y de bajo costo para la conexión de sensores y actuadores en aplicaciones de automatización.	Control de procesos, manufactura, integración de dispositivos.	Facilidad de instalación, bajo costo, simplicidad.	Conexión de sensores y actuadores en una línea de producción automatizada.
PROFINET	Estándar industrial para la comunicación basada en ethernet en aplicaciones de automatización, proporcionando integración con sistemas de TI y OT.	Manufactura, procesos industriales, control de maquinaria.	Alta velocidad, flexibilidad, integración con redes IT.	Control de una planta de producción con múltiples estaciones de trabajo.
Interbus	Protocolo de comunicación industrial utilizado para la integración de dispositivos de control y sensores en sistemas de automatización.	Manufactura, control de maquinaria, robótica.	Alta velocidad de transmisión, simplicidad en la configuración.	Integración de sistemas de control en una línea de ensamblaje industrial.
Highway Addressable Remote Transduce (HART)	Protocolo de comunicación para la transmisión de datos entre dispositivos de campo y sistemas de control. Utiliza señales analógicas y digitales.	Procesos industriales, control de maquinaria, monitoreo de condiciones.	Capacidad de comunicación bidireccional, compatibilidad con sistemas existentes.	Monitoreo y control de instrumentos en una planta de procesos químicos.

www.ingramcontent.com/pod-product-compliance
Lightning Source LLC
LaVergne TN
LVHW010103061026
849532LV00008BA/3227
9789561434103